先声

长沙党史文化系列丛书

纪念五四运动100周年
纪念留法勤工俭学运动100周年

杨丰美◎著

湘潭大学出版社

前言

“世界是你们的，也是我们的，但是归根结底是你们的。你们青年人朝气蓬勃，正在兴旺时期，好像早晨八九点钟的太阳。希望寄托在你们身上。”

1957 年 11 月 17 日，莫斯科大学大礼堂座无虚席，伟大领袖毛泽东对着广大留学青年，用浓厚的湘音，说出了这番振聋发聩的话。

青年人好像早晨八九点钟的太阳，这种比喻直击人心，激励了一批又一批青年人砥砺向前。然而，更让人想探究的是，20 世纪初，在那个风雨如磐的年代里，面对国家惨遭蹂躏，先贤们如何以青春之躯发出掷地有声的反击？

年轻的梁启超呼唤少年中国，提出“少年智则国智，少年富则国富，少年强则国强”。

年轻的鲁迅提出了“其首在立人，人立后而凡事举”。

年轻的李大钊呼吁再造中华，号召“以青春之我，创建青春之家庭，青春之国家，青春之民族”。

年轻的恽代英写道，中国的唯一希望，便要靠这些勃勃有生气的青年。

20 世纪初，这些呼声代表了一个民族的真切渴望。无数中国人前赴后继，寻找救国之良方。一批人倒下了，一批人又起来了。有多少腐朽，就有多少力量。有多少压迫，就有多少反抗。

终于，初春的太阳消融了寒冬的冰雪，初春的东风吹来了万物的生机，希望之光照暖了这片热血之地，催生了一株亟待破土的新芽。

在长沙的岳麓山脚，湘江之滨，“沩痴寄庐”门口的桃树开花了，草木生香。温暖的太阳从墙缝瓦隙中射进来，映成斑点，摇曳在正厅的茶桌上，茶桌周边围绕着十几个意气风发的青年，这天，这个屋子热闹非常。

“我们组织学会的出发点是要团结一批爱国青年，侧重于研究个人及全人类生活如何向上的问题，学会的发展方向应向政党。”率先说话的男青年，宽额明眸，气宇轩昂，身材高大，眉宇间散发着英豪之气。他，就是毛泽东。

“孙中山组织的中国同盟会就是政党，我们组织学会就是聚集爱国青年图中国之独立富强。学会朝政党方向发展，这是题中之义。”说话的是这屋子的主人，他叫蔡和森，就算是一身淡雅的书香，也掩盖不住他内心喷薄而出的小火山。

“我是主张会章写得简单明确，现在能做到的就写，现在不见诸行事的条文，我以为不宜加入。我们现在还是学术团体，当以学术研究为要，修养道德，改良人心风俗。”青年站了起来，一张清秀儒雅的脸，一袭白布衣，一副教师模样，他就是萧子升。

这一天是1918年4月14日，一群热血青年来到岳麓山脚的刘家台子（后又称周家台子）蔡和森家。他们是湖南省立第一师范学校（后文简称“湖南一师”）的学生，以毛泽东、蔡和森为代表，这群20来岁的青年聚在一起不是喝酒打牌玩游戏，而是图国家存亡发展之大计。这一天，天气晴朗，微风掀拂江间的绿波和江岸的碧草，充满着无限生机。然而，当时中国却正处于军阀混战的黑暗之中，社会一片混乱，一批又一批中国人在黑暗中摸索，寻找一束明亮的光，以期拯救满目疮痍的中国。聚在刘家台子这个小屋里的这群青年，除了42岁的何叔衡，其他的青年年龄在23岁上下。按照现在的情况算来，这个年龄的年轻人，大抵步入社会不久，或者还在学校啃书本。对于当时的毛泽东、蔡和森等人而言，何尝不是羽翼未丰，何尝不是前路漫漫！他们清楚地知道，国之不存，民将焉附？于是，新民学会成立了。

2018年是新民学会成立100周年，2019年是五四运动100周年，是留法勤工俭学运动100周年。我不禁慨然，不禁欣喜。历史的车轮轧出了发展的必由之路，时代的故事总为明日的曙光生色增辉。如果，站在100年后的现在，顺着历史的车轮，回到那个时代的故事里，我们会看到什么？这个设想不禁让我有些激动。

“鲲鹏击浪从兹始”，毛泽东、蔡和森、李维汉、向警予等第一批无产阶级革命家在这短短几年中，从五花八门的无政府主义、基尔特社会主义、工学主义、蒲鲁东主义等思潮中跳脱出来，最终选择了马克思主义和俄式革命道路。他们在艰难而曲折的探索中，越走越开阔，最后很大一部分转变成了专业的革命者，誓在改造中国与世界，建下不朽功勋。在这几年中，发生了轰动国内外的五四运动和留法勤工俭学运动，为我国广大青年开启了一扇崭新的大门。在党的创立时期和大革命时期，新民学会 78 个会员中有 30 多人加入中国共产党。

当我走进新民学会旧址，看着墙壁上勾勒出的那些风华正茂的岁月，我不由得心潮澎湃，久不能安。作为一个当代青年，我往往有一些不知所从的迷茫。我曾怀揣着理想，斗志昂扬地背井离乡，几年之后，又灰头土脸地回到原点，感觉自己一败涂地。

正当此时，我接触到了新民学会的历史。同样是青年，100 多年前的毛泽东、蔡和森他们当时其实也有无奈，也有迷茫，也有难处，也有取舍。他们在面临选择的时候如何决断？他们遇到苦难时如何砥砺前行？他们在迷茫的时候怎样突破思想的牢笼？他们在黑暗中如何寻找前行的灯塔？所有这些，让我产生了想要去了解和探究这段历史的冲动。

“读史使人明智”，虽然时代不同，但是人性大抵相同。我想，我们当今遇到的困惑，革命时期也有。迷茫与突围、理想与诱惑、独立与依附等也在历史上上演过。新民学会的这批青年在面临这些困境时，每个个体都做了不同的选择，往往是这些选择成为命运的节点。

“青年强则国强”，100 多年前，青年们扛起赤色的大旗，呐喊于危亡之际，救国民于水火。今天，我们青年一代是否也应修身立志，紧跟科技大潮，提升创造力，图谋于强国富民？可是立志容易践行难，沉浸在生活的藩篱里，往往会困于其中，怯于求索。如果生活扼住了我们的喉咙，我们该如何？

带着这些疑问和希望，我决定走近这一批中国青年，去探寻他们当年的所思、所想、所为，以期对当代青年有所启示。

目　录

第一章　百卉之萌动

麓山之谷，湘江之滨，刘家台子，一座老宅静静地伫立，那是蔡和森的家。1918 年 4 月 14 日，蔡和森家迎来了十几个青年，他们都是湖南人，一个个风华正茂。这一天，这群青年带着时代的叩问而来，他们要干一件大事，注定载入史册！

走过新民路，新民学会旧址静静伫立，如果不拐个弯，很少有人会注意到这个房子。我冲着新民学会的故事而来，却不料先被旧址的景致所动。

进了大门，顿感清幽舒适。一派江南小筑的模样，就像是20世纪男女老少身上穿着的素衣和布鞋，干净、整洁、朴实。小屋坐西北朝东南，建筑式样呈凹字形，竹木结构，四周篱笆蜿蜒，围着一片菜地，关不住的是满园的青绿和生机。房屋统共七间。正屋为青瓦顶，偏屋为茅草顶，屋前有木架槽门，屋后为果园菜地。简朴，但不失庄重。身处闹市，却无闹市的喧嚣。

槽门上挂着“沩痴寄庐”的牌匾。“沩”，指宁乡的沩水或沩山。“痴”是痴迷，痴情。“沩痴”是房主的自称。“寄”，是寄居。“庐”，古代指郊野平民的住所，也指简易房舍。古人极守礼仪，长辈死后要在下葬的墓地搭建房屋守孝。所以，“沩痴寄庐”的意思即是指一个宁乡人守丧居住的地方。新民学会成立70周年（1988年）时，蔡畅说“蔡家住长沙看坟的房子”，指的就是这里。但是一般来说，看坟的房子是不会租给毫无关系的外姓人家居住的。所以，这房子到蔡家居住时，可能已作农舍使用。一般，我们称之为刘家台子。

正屋里仍摆放着当年新民学会成立时的方桌、条凳、油灯、茶碗。堂屋左边是蔡和森当年的住房，除简陋的床铺、书桌、书架、油灯外，再无别的器具。在蔡和森的房间摆放着两张床，还有一张床系其合租室友周方居住。堂屋的右边是蔡母葛健豪和妹妹蔡畅的住房，毛泽东的母亲在长沙治病时也曾住于此。厢房是蔡和森的姐姐蔡庆熙和外甥女刘昂的住房。

旧址的构造和颜色，我知道是跟从前差不多的。但整栋房子的气味，却嗅得出粉饰的味道。这到底是怎么回事呢？要探访新民学会旧址以及了解新民学会背后的故事，我知道离不开一个人，那便是从旧址对外开放就走马上任，一直守候的新民学会旧址管理处原主任赵丛玉女士。

2017 年 9 月 19 日，我见到了赵丛玉主任。短头发，穿着白底黑花长裙，优雅自带书香气，圆润的脸上挂着和蔼的笑容。来之前，我并不知道赵丛玉主任是一位女士，更不知道她已经六十多岁了。赵主任不仅对这段历史研究深刻，而且她坚守的情怀更是令人钦佩。

一说到新民学会，赵主任的记忆就像打开了闸门的水，喷涌而出，流利又清晰。她说话有条不紊，但是饱含激情。采访就这样愉快地开始了。

“1917 年夏季至 1919 年冬季，蔡和森一家前后在此住了两年多。1918 年 4 月 14 日，新民学会成立会在此举行。在物质生活极其匮乏的年岁里，这个简易农舍成了最富有生气的地方。”对于这段历史，赵主任如数家珍。

“这个旧址就是原来那个农舍吗？”我好奇地问。赵主任笑了笑，连连摆手。关于旧址的历史，她又向我详细地解说了一番。

原来，1919 年蔡和森、葛健豪、蔡畅赴法国勤工俭学后，蔡父、蔡庆熙、刘昂还在“沩痴寄庐”旧址居住过一段时间，之后返回家乡双峰。1938 年，国民党的军队从长沙撤退时，“沩痴寄庐”毁于战火。

为了启迪教育后人，1983 年湖南省人民政府将新民学会旧址（蔡和森故居）再次公布为省级文物保护单位，1986 年拨专款按原貌修复旧址。

也是在 1985 年，当时身为总理办公厅副主任的刘昂（蔡和森的外甥女，当年在旧址居住时仅 7 岁）请邓小平为蔡和森故居题词。邓小平在法国勤工俭学时与蔡和森相识，敬佩蔡和森的才能和功绩，曾题词“蔡和森同志是我党早期的卓越领导人之一，他对中国革命做出了重大的贡献，中国人民永远记着他”。这次修建蔡和森故居，邓小平又欣然题词“蔡和森故居”，这在邓小平题词中是很少见的。陈云则题词“新民学会成立会旧址”。

刘昂还亲赴长沙考察，根据刘昂、蔡畅、当地农民以及新民学会部分老会员的回忆，制作了一个旧址模型。从 1986 年开始，由当时的长沙市文化局和郊区政府成立了新民学会旧址复建工程指挥部，根据模型对旧址按原貌重新复建。1988 年，旧址复建完工，正式对外开放。

当时正在文化局工作的赵丛玉就是1987年年底被调入新民学会旧址工作的。她上任后，亲赴北京拜访刘昂等人，将邓小平题词原件、陈云的题词带回新民学会旧址，全力梳理新民学会的发展历程，着手旧址布展工作。

2005年，长沙市人民政府再次投入资金全面维修新民学会纪念馆，扩建了陈列室，更新了陈列展览，改善了环境。新民学会旧址，已然成为了一处集文化、旅游、休闲于一体的人文自然景观，成为了长沙这座历史文化名城中一道亮丽的风景。

“您对这段历史描述很精彩，一点都不像记忆不好。”我打趣道。

“有些东西已经刻在脑子里了。”赵主任笑着说。突然，赵主任情绪低落下来。问其原因，她是在为这段历史担忧。

原来，她还是新民学会旧址主任的时候，有很多人找到这里就问：“这里是民主党派吗?”听到这话，她心里很不是滋味。“新民学会其实对共产党早期组织的建立起到了不可估量的作用，后辈们应该去了解这段历史，铭记这段历史。”赵主任说。新民学会存在的四年，就是反复尝试、不断探索的过程。他们尝试过改良主义、工读主义等主义，发现都行不通，最后选择了“走俄国人的路，建立自己的政党”。也是在这段时间，以毛泽东、蔡和森为代表的这群青年亲身主导或参与了影响甚巨的五四运动和留法勤工俭学运动。所以，赵主任认为，关于这段历史，很有挖掘的必要。

采访完赵丛玉，我又采访了时任新民学会旧址主任的唐德强和副主任李怡梅。当时，天空下起了瓢泼大雨，而采访的氛围却仿若一片晴天。

唐主任中等身材，说话爽快，喜欢笑。对于本书所要表达的思想，他有一些自己的见解：“我希望看了这本书之后，能够激发当代青年的一些斗志。”当时的毛泽东、蔡和森等人都是青年，他们承担起了国家兴亡的相应职责。现在是和平年代，青年也应该为民族复兴和中国梦承担起自己的职责，在各行各业多为国家做贡献。

坐在一旁的李怡梅，是一位穿戴整洁优雅的年轻女性。她给了我一本书，说是里面有一些比较全面的新民学会发展资料。

采访完出来，雨还没有停，天色阴沉。到旧址参观的人在慢慢散去。我独自在展馆里走着，又来到了蔡和森居住的房子里。可能是因为下雨的缘故，小小的房子显得更加昏暗，历史的一幕幕倒是鲜活起来。我仿佛看到，在那曾经潮湿发霉的困苦环境中，桌上那盏破败的煤油灯闪现着忽明忽暗的火焰。不知有多少个这样的夜晚，这群热血青年就是就着这样的火焰，忧论着家国天下事，撰写着针砭时弊文。

我翻开了新民学会历史资料，研读起来，原来，历史远没有这么简单，回到100多年前故事的源头，寻访到的是另一番天地。

> 新民学会的发起，在民国六年之冬。发起的地点在长沙，发起人都是在长沙学校毕业或肄业的学生。这时候这些人大概有一种共同的感想：就是“个人及全人类的生活向上”。“如何使个人及全人类的生活向上”？乃成为一个迫待讨论的问题。这时候尤其感到的是“个人生活向上”的问题。尤其感到的是“自己生活向上”的问题。相与讨论这类问题的人，大概有十五人内外。有遇必讨论，有讨论必及这类问题。讨论的情形至款密，讨论的次数大概在百次以上。至溯其源，这类问题的讨论，远在民国四五两年，至民国六年之冬，乃得到一种结论，就是“集合同志，创造新环境，为共同的活动”。于是乃有组织学会的提议，一提议就得到大家的赞同了。
>
> ——摘自《新民学会会务报告》(第一号)

移民入湘来

在漫长的古代，湖南被称为“瘴疠卑湿”之地，生活在这里的土著居民被称为“蛮族”。以至于“湖南人物，罕见史传”。唐大中年间，才有刘蜕考中进士，号称“破天荒”。至宋代，江西陆续向湖南移民，湖南经济文化事业有了一定发展，岳麓书院这些文化瑰宝之地才应运而生。

经元末明初的战乱，湖南人口锐减，几乎十室九空。明洪武年间开始，邻省大量向湖南移民，湖南经济才得以逐渐恢复，湖南人才也如雨后春笋，渐渐发出了新芽。不过与邻近的江西相比仍相差甚远，一组数据让人长叹不已：江西的名人占全国同期的7．8%，湖南仅占1．2%。

明末清初，清军入关，三藩战乱，湖南各州县惨遭蹂躏，又陷入旷野无人的境地，刚刚萌生的新芽被摧残殆尽。据地方志记载：醴陵“死亡过半，业荒无人”；慈利县境内“百里无人烟”；沅江县“户口十损七八”；桂东县仅存63丁……明清鼎革之际，湖南丧失大约三分之二的人口。

清初顺治、康熙至乾隆年间，皇帝屡颁“召民开垦”的圣旨，圣旨一出，大量移民涌入湖南。到清乾隆嘉庆年间，湖南外来移民占总人口数9成以上。移民多来自闽、粤、赣、鄂等地，以江西为多。例如：康熙年间所修浏阳县志：“浏鲜土著，比间以内，十室有九皆江西之客民也。”慈利县“土著老民，百不存一。其后迁徙新户，十常得九，稽其户籍，以江西为最多。”

元末明初和明末清初的两度移民，使湖南居民的族缘和血缘得到了更新。几多风雨几多苦难，经历了几次大规模的朝代更迭、战乱蹂躏，湖南这片热血之地才赢得片刻安宁。清朝以后，湖南人才辈出，功业繁盛，举世无出其右。曾国藩、左宗棠等赫赫有名的人物的出现，漂亮地打出了“湘军”这张名片。岳麓书院“惟楚有才，于斯为盛”已然是一句实实在在的话。

可能离乡背井迁往他方的移民大多有开拓进取、自力更生、勤奋创业的精神，也可能土著存活下来的人们本就流着顽强不息的血液。总之，这些人在湖南这片土地上生活在了一起，既有移民精干，亦有蛮族后裔。他们既有彼此争斗，亦有相互联姻，正是在斗争与结合的过程中相互融合，繁衍不止，他们的后代有一个共同的称呼：湖南人。

湖南独特的历史，让湖南人有着独特的个性，即“吃得苦，霸得蛮，耐得烦”；让湖南人有“骡子脾气”，既有马的刚烈，又有驴的耐性。

随着移民潮，一个特殊的家族迁入湖南。那是在明朝开国年间，原籍江西的毛太华随军远征南澜沧（今云南省澜沧拉祜自治县内），在当地结婚生子。明朝洪武十三年（1380），毛太华移居湖南省湘乡县。十年后，他的两个儿子又迁居到邻近的湘潭县韶山冲。从此，毛氏在这里垦荒种地。

大约500年后，时间来到1893年12月26日，毛太华的后人毛贻昌家出生了一个男孩。男孩小时体弱多病，加上前面两个哥哥又都夭折，母亲文七妹怕他不能长大成人，便抱他到娘家那边的一座石观音小庙，叩拜一块巨石认作干娘，还取名“石三伢子”。

这个“石三伢子”就是毛泽东。文七妹或许不会想到，这个小时体弱多病的小男孩，长大后会成为叱咤风云的伟人。

两年后，湖南双峰永丰镇的蔡家也喜得一男婴，只不过这个男孩出生在上海。几年后，他才跟着母亲葛健豪回到老家。16 岁才上小学的他，很快又凭着优异的成绩越级到了高等学校。

这个 16 岁才上学的男孩叫蔡和森。葛健豪或许不会想到，十几年后，这个启蒙如此晚的小男孩会成为中国著名的革命家，还是提出“中国共产党”全称的第一人。

1913 年秋，蔡和森以优异的成绩考入湖南一师，编在第六班。第二年春，毛泽东由湖南四师并入湖南一师，编在第八班。毛泽东、蔡和森二人在湖南一师相遇，同在一个年级，又都以才华横溢而声名赫赫。伯牙子期，高山流水，卓绝的思想注定拥有强大的磁力，一旦相互融合，便能拧动时代的车轴，主导乾坤。一时间，“毛蔡”之名不胫而走。

历史的故事牵引着我来到湖南一师。这栋特别的楼宇承载了太多重要的时刻、重要的对话、重要的事件。100 多年前，正是在这里，一批中国青年发奋学习，激情辩论，留下了一段风华正茂的岁月。

师承 “板仓杨”

“涤生日记，言士要转移世风，当重两义：且厚且实。厚者勿忌人；实则不说大话，不好虚名，不行架空之事，不谈过高之理。”在湖南一师的课堂上，杨昌济正在给他的学生讲课。

在课堂上，毛泽东听得入了神。这是他钦佩的老师杨昌济的课。杨老师不止一次强调做人要“务实”，也不止一次鼓励学生要做有大志向的人，做有益于社会的人，做正大光明的人。同样受杨昌济影响很大的还有蔡和森、罗学瓒、张昆弟、萧三等人。

在学生们的印象中，杨昌济并不善于辞令，也不装腔作势。但他能得到听讲者的注意和尊敬，大家都佩服他的道德学问。他的讲学精神吸引了一大批认真思考、认真求学的学生。毛泽东、蔡和森、萧子升、张昆弟等都是杨昌济身边熟悉的面孔，这一群青年学子常常围绕诸如“如何使个人及全人类的生活向上”等问题展开讨论，旗鼓相当的辩手常常陷入各不相让的“僵局”，一派朝气与热烈。

杨昌济，世称“板仓先生”。这位“板仓先生”，有着怎样的故事呢？

时间回到甲午中日战争，当时中国战败，北洋舰队全军覆没，清廷签订丧权辱国的马关条约，激起全国人民的愤怒和抗议，杨昌济就是其中一个愤怒的青年。

愤慨之下，他写下日记，道：“予不乐之故，凡有数端……天下苍生，尤多意外之变。”这个时期，他极其苦闷。在痛苦中，他思考着一个严肃的问题：中国怎么办？怎样才能挽救国家民族于危亡之际？

此时，北京炸开了一个惊天雷，轰动全国。康有为率梁启超等一千三百多名士联名上书光绪皇帝，要求废约拒和，史称“公车上书”。杨昌济知道后，精神大振，写下“非改革不足以图存也”的赞同之言。他要求政治改良，社会进步，希望有朝一日能够实现天下大同。

他没想到的是，自己与维新派渊源远不止于此。1898 年，杨昌济进入岳麓书院读书。当时，维新派的变法列车也轰轰烈烈地开到了长沙。谭嗣同、唐才常这两个列车长振臂一呼，响应者众。在他们的筹谋之下，一些进步官绅和知识分子成立了爱国救亡的团体——南学会。杨昌济对维新派本就仰慕在先，又听得谭嗣同才气横溢、论点新颖的讲演，更是十分佩服。在谭嗣同、唐才常的影响下，杨昌济毫不犹豫地加入南学会，成为“通讯会友”。在此期间，他时时关注维新派的活动，还常常跟谭嗣同请教。

有一次，杨昌济向谭嗣同请教如何理解“天地之大德曰生”。谭嗣同非常赞赏，认为他能够提出如此问题，大大超越了秦汉以来一般学者的思想境界。谭嗣同解释说：“所谓天下之大德曰生，就是以民为主，如何救民，即以如何为是，则头头是道，众说皆通矣。”

谭嗣同这番见解让杨昌济耳目一新，连连称绝。时隔多年以后，他还念念不忘，经常转述给他的学生。

然而，改革之途终于没有走通，戊戌变法也以“戊戌六君子”的死宣告失败。

望门投止思张俭，忍死须臾待杜根。
我自横刀向天笑，去留肝胆两昆仑！

谭嗣同断头台前的一首《绝命诗》，道尽了一个爱国志士舍身赴死的决心，让杨昌济佩服之至。谭嗣同的死，却也如当头棒喝，重重地打在杨昌济的心头。他的激情，他的抱负，被击打得支离破碎。变法失败后，杨昌济回到农村，过着半隐居的生活，内心却总是隐隐作痛。

在1899年的一篇日记中，他如此写道："日内忽忽不乐，实为非理。平心自问，有何不足之处耶？若大局危急，则所谓他人之事，天意主张者，尽吾一人之心，尽此一日之心而已，徒忧何益乎？"这段日记反映了他为国家民族的前途担忧，又找不到合适的救国之道的矛盾心理。

1900年，正当杨昌济隐居乡里、惶惶无主的时候，又传来唐才常领导的"自立军"起义失败的消息。杨度在《湖南少年歌》里写有这样的豪放诗句总结湖南人的革命精神：

> 若道中华国果亡，除是湖南人尽死。
> 尽掷头颅不足痛，丝毫权利人休取。

唐才常的壮烈牺牲，彻底擦亮了杨昌济的眼睛。适逢乱世，中国人特别是湖南人从未妥协。然而，哪怕是以命相搏，却为何也救不了当时的中国？看着一批批仁人志士慷慨赴死，杨昌济忧思更甚。当时，但凡有一颗爱国之心的中国人都在寻求拯救祖国的良方。其中，一些先进的中国人找到了另外一条路，那就是远渡重洋，奔赴西方寻觅良方，杨昌济也为这一时代思潮所感召。1903年，他毅然背井离乡，东渡日本。这一走，就是十年。十年间，他到日本、英国等国家学习和考察。

学成归来时，适逢辛亥革命失败，袁世凯窃国称帝倒行逆施。出国的几年并未让杨昌济的爱国情怀消减半分，反而更浓。要救中国，首先要从教育入手，开化民智。这是杨昌济留学几年最明显的思想变化。他心里这么盘算着，事实上也这么做了。北洋政府给他官做，他嗤之以鼻。当湖南一师的校长孔昭绶登门求贤，他却欣然前往。带着改造学术、端正人心的希冀，他来到了一师门口。

然而，单凭一个教师救亡图存的迫切希望拯救不了满目疮痍的中国。辛亥革命结束了几千年封建帝王的统治，使久受专制奴役的人民在精神上得到一次解放。但是，由于资产阶级的软弱，又没有得到最广大农民的支持，这次革命的首要果实——国家政权落入以袁世凯为首的北洋军阀手中。正如毛泽东后来所说的："辛亥革命只把一个皇帝赶跑，中国仍旧在帝国主义和封建主义的压迫之下。"杨昌济在一师教书的几年，中国又经历了袁世凯倒台，军阀南北混战，各霸一方。帝国主义任意欺凌，封建势力混战不休，贪官豪劣互相勾结，乡村农民和城市小资产阶级日益走向破产和没落的境地。真真是一个群魔乱舞、民不聊生的世界。毛泽东诗作"长夜难明赤县天，百年魔怪舞翩跹"，可谓恰如其分地概括了当时的情况。广大爱国知识分子和青年学生，愤于中国社会的黑暗，继续寻找救国救民的出路。

好在教师更伟大的使命在于教书育人。在湖南一师，杨昌济迎来了以毛泽东、蔡和森为首的一批青年学子。正是这批学生，将他的爱国思想带出了课堂。在后来的日子里，他们高举赤焰火炬，照亮了盘踞在东方的中国。

杨昌济的寓所门上总是挂着一块一尺来高、三尺多宽的铜牌，上面用隶书篆刻着"板仓杨寓"几个大字。不管这块铜牌挂在哪里，都有一批青年学生寻迹而来，登门求教。毛泽东、蔡和森等人是杨家的常客，每逢周末，他们总是到杨昌济家里求学问道。他们谈论的内容大抵围绕如何在天昏地暗的世界里寻找光明，如何在层层网罗的包围中展开双翅，如何使自己成为当世的栋梁之材，如何使中国的政治、文化面貌根本改变……

这样的辩论常常会持续几个小时，像蓄满了水的堤坝，一旦拉开了闸就水流奔腾。为了方便学生们前往家里学习和讨论，杨昌济专门辟了一间客房。学生们来了，只管畅所欲言。聊累了就休息吃饭，起劲了就辩论不休。杨昌济常常跟学生们一起讨论，有时候女儿杨开慧也会钻出来凑热闹。这批青年学子在杨昌济家毫不拘束，可能上一秒还争得面红耳赤，下一秒又可以把盏言欢。去留都十分随便，不分彼此，亲如一家。

当时以杨昌济为领导组织了一个哲学研究小组，主要介绍读物内容、讨论学习心得。从 1914 年冬到 1915 年 9 月，每逢放假，毛泽东和蔡和森都要邀一些青年，一般在十个以下，一起到杨昌济家中讨论有关读书的问题。

杨昌济推荐给小组的读物是西洋哲学、伦理学以及宋元明哲学（理学）。黎锦熙推荐给小组的读物是英国人著的社会学研究。每每碰在一起，青年们就把自己一个星期以来的读书心得拿出来，相互交换着看，或是自由谈论。这，或许就是讨论小组最大的魅力所在。1915 年暑假，毛泽东、陈昌、熊光楚等人都没有回家，而是在杨昌济和黎锦熙等老师的指导下利用暑期自学。

当时中国处于政治大变动、新旧思想大冲突的时代。杨昌济常常教育他的学生要有高尚的理想和爱国主义情怀。他在《告学生》一文中就庄严地提出：今日我等之急务，在树立一种统一全国之中心思想。他又强调学生要立志。他解释孔子的“三军可夺帅也，匹夫不可夺志也”，这个志就是自己的信仰。他还说：“人不闻道，是谓虚生。”这个“道”就是他讲的那个“大原则”。杨昌济的哲学思想还有一个重要的特点：尚动。动是变化，是发展，是明显的、剧变的，胜于静。杨昌济的认识论是知行统一的认识论，即力行与思考的统一。杨昌济的历史观是进化论，他认为“生存竞争”适用于国与国之间，而国内人与人之间，就要有“合群”，即团结的思想。杨昌济强调用批判的态度进行学习，教导学生要懂得“何者当因，何者当革”，只有这样才能正确对待中西文化。杨昌济还时刻向学生进行爱国主义教育，唯力倡“坚忍”二字，常欲以久制胜。杨昌济严谨的教学态度对毛泽东、蔡和森、罗学瓒、张昆弟等人产生了深远影响，对他们形成“一种奋斗的向上的人生观”起到了催化剂的作用，还为他们后面能够走出国门，把马克思主义中国化，起到了重要的孕育作用。

在一师教书几载，迎来了自己最满意的一批学生，又亲手将他们送入社会，杨昌济可谓功德圆满了。他觉得在一师再也不会教出更让自己满意和自豪的学生。于是，在接到北大的聘请通知书时，他挥袖而去，离开了一师这个让他无比欣慰也无比骄傲的平台。所幸的是，他跟自己当年种下的这“几棵大树”渊源太深，在北京，他们又相遇了。只不过这时候的青年已经不再是初出茅庐的学子，而是肩挑重任的栋梁。

1919 年年底，当毛泽东为病入膏肓的湖南政坛北上京都时，他最敬爱的老师杨昌济躺在了病榻上。即便公务再忙，毛泽东也不忘常常去看望杨昌济，陪着他走完人生最后一段岁月。就在逝世前不久，杨昌济还写信给章士钊，恳切地说：“吾郑重语君，二子海内人才，前程远大，君不言救国则已，救国必先重二子。”这里的“二子”即指毛泽东和蔡和森二人。

病魔总归对所有人都是一视同仁的，尽管杨昌济临终前还在规划着自己接下来要为这个社会做的事情，并没有觉得自己会因病丧命，但终究，病魔还是夺去了这位勤奋学者的宝贵生命。1920 年 1 月 17 日上午，杨昌济逝世了，时年虚数 50 岁。临终前，他还与友人谈话，说罢“吾意正畅”，便溘然长逝。

杨昌济死了，但他播下的火种还在。那些火种洒在课堂上，洒在板仓杨家，抑或洒在某一条经常走的路上。总之，最后落在了一个个学生的心里。或许他也没有想到，他生前最看重的几个学生会拾起这零星的火花，鼓气、生风，发展成燎原的烈焰。《新青年》就是杨昌济洒下的火种之一，当杨昌济将《新青年》引入课堂的时候，毛泽东、蔡和森等人同时为其所动，倍受鼓舞！

《新青年》之新曙光

窃以少年老成，中国称人之语也；年长而勿衰（Keep young while growing old），英、美人相勖之辞也，此亦东西民族涉想不同、现象趋异之一端欤？青年如初春，如朝日，如百卉之萌动，如利刃之新发于硎，人生最可宝贵之时期也。青年之于社会，犹新鲜活泼细胞之在人身。新陈代谢，陈腐朽败者无时不在天然淘汰之途，与新鲜活泼者以空间之位置及时间之生命。人身遵新陈代谢之道则健康，陈腐朽败之细胞充塞人身则人身死；社会遵新陈代谢之道则隆盛，陈腐朽败之分子充塞社会则社会亡。

准斯以谈，吾国之社会，其隆盛耶？抑将亡耶？非予之所忍言者。彼陈腐朽败之分子，一听其天然之淘汰，雅不愿以如流之岁月，与之说短道长，希冀其脱胎换骨也。予所欲涕泣陈词者，惟属望于新鲜活泼之青年，有以自觉而奋斗耳！

——陈独秀《敬告青年》（原载于《青年杂志》第一卷第一号）

那是 1915 年，“新文化运动”如平地一声春雷，响彻中国当时满布阴霾的天空。一本崭新的刊物——《新青年》应运而生。陈独秀、李大钊、鲁迅、胡适等受新式教育的热血青年，高举民主与科学的旗帜，“反传统，反儒教，反文言”，沉重打击了统治中国 2000 多年的封建传统礼教，也给当时混乱不堪的社会带来了一道新曙光。陈独秀在发刊词《敬告青年》中称青年为初春，为朝日。他对青年寄予厚望，连连敬告，每一告都发人深省。对于时局，他连连发问，每一问都切中时局之要害。

《新青年》提出了两个口号：一是民主，二是科学，即“德先生”和“赛先生”。这些思想就像一场及时雨，浇灌在求知若渴的进步志士心头。杨昌济敏锐地发现了这道新曙光，随即，他将这曙光引入了课堂。在杨昌济的提示下，对新鲜事物极为敏感的毛泽东首先注意到了这个刊物。从此，他成了《新青年》的忠实读者。

手捧《新青年》（原《青年杂志》），毛泽东把每一篇文章都看了又看，反复研读。看到精妙处，他拍案称绝，摘抄在本子上。有很长一段时间，他每天除上课、阅读之外，看书，看《新青年》；谈话，谈《新青年》；思考，也思考《新青年》上提出的问题。

给同学们念《新青年》上精辟的文章，鼓励大家讨论《新青年》上提出的许多问题，毛泽东乐此不疲。每每讨论开始了，张昆弟、萧子暲、罗学瓒是发言最积极的几个，也是毛泽东身边受《新青年》影响最大的几个。

《新青年》提倡新文化，反对旧礼教，提倡白话文，反对文言文，提倡劳工神圣，反对剥削生活，提倡科学与民主，反对迷信与独裁。毛泽东完全同意这些观点。中国需要改造，需要从政治、经济、文化、思想、制度、风俗、习惯各方面进行根本改造，看了《新青年》，他更加坚定这些信念。

读一本好书就像跟一位智者谈话。在《西行漫记》中，毛泽东明确表示：“陈独秀对我的影响也许超过其他任何人。”正是由于思想如此之契合，所以，1917 年毛泽东的《体育之研究》发表在《新青年》上，也就不足为奇了：

体育一道，配德育和智育，而德智皆寄于体，无体是无德智也。

这等积极向上、注重德智体美劳全面发展的思想何尝不是《新青年》所极力主张的。又如，李大钊在《新青年》上写的一篇唤作《“今”》的文章。我以为对现在的我们仍有很大启示，他说道：

吾人在世，不可厌“今”而徒回思“过去”，梦想“将来”，以耗误“现在”的努力。又不可以“今”境自足，毫不拿出“现在”的努力，谋“将来”的发展。宜善用“今”，以努力为“将来”之创造。由“今”说造的功德罪孽，永久不灭。故人生本务，在随实在之进行，为后人造大功德，供永远的“我”享受，扩张，传袭，至无穷极，以达“宇宙即我，我即宇宙”之究竟。

“现在”的努力较之忆“过去”和思“将来”显得更为重要，这篇文章鼓励青年们努力做好“现在”，图谋“将来”之创造。

与此同时，蔡和森也受到了《新青年》新思想的极大影响。《新青年》正式出版的时候，蔡和森已经离开了湖南一师，考进了湖南高等师范学校，被编入文史专科乙班，与邓中夏同学。当时，湖南高等师范学校设立了专科文学部，杨昌济、徐特立也转去了该部任教。对平素爱好文史的蔡和森而言，能去这样的专修班读自己爱读的书，那是一件梦寐以求的事情。自从进了高等师范学校后，他学习更加勤奋了，几乎是手不释卷。蔡和森就两师问学，所得启示尤多。他除学习文学外，对哲学、社会学自修更勤奋。在钻研外国哲学时，有感于充实英文阅读能力的必要，便在铁路中学和一师所学英文的基础上，再入该校英语选科高级班学习，其后，竟能翻译英文原著《世界进化史》。

正是在这两年里，他接触到了《新青年》，并且成了它最忠实的读者。蔡和森本就反对以“六经”“小学”作为文科主课，反对祀孔，主张自由的读书风气。在经史子集中，他最赞赏的是墨子的“兼爱”思想，认为现在社会之所以动荡不安，正像墨子所分析那样“饥者不得食，寒者不得衣，劳者不得息”，人人缺乏“兼爱”思想所致。《新青年》抨击儒家中腐朽的那一部分思想正好合了蔡和森的意。

几乎在同一时间，身处两个不同学校的毛泽东和蔡和森同样地钟爱《新青年》，为《新青年》所启示，上下而求索。与他们一样，在当时，很多先进青年受新文化运动影响，一道思想解放的新曙光已然在厚重的迷雾中划开了一道越来越宽、越来越亮的光口。

我时常在想，为何《新青年》可以让毛泽东、蔡和森他们爱不释手？当我看了几篇里面的文章时，大概就理解了。思想相吸，原来是一种最强大的磁场。

陈独秀的《敬告青年》从六个方面讲了自己的主张：自主的而非奴隶的；进步的而非保守的；进取的而非退隐的；世界的而非锁国的；实利的而非虚文的；科学的而非想象的。他的文章犀利地批判现实，仿佛要葬送一切陈腐的、落后的观念，营造一个新的文化天地。又如在《文学革命论》中，陈独秀在结尾时高呼：

有无顾迂儒之毁誉，明目张胆以与十八妖魔宣战者乎？予愿拖四十二生的大炮，为之前驱！

这样的呼吁往往响应者众，他道出了一个时代的普遍希冀。五四时期，青年们以《新青年》这样的先进杂志为指向灯，最终走出了一条举世瞩目的思想解放道路。

社会要发展，时代要进步，作为年轻人，离不开读书行路，离不开解放思想。而在这些方面堪称楷模的，蔡和森算是一个典型人物。也就是这样一个人物，后来提出了比较完整系统的建党学说。是什么样的经历让蔡和森的思想如此先进而卓绝？这要从蔡和森小时候说起。

寻找啃书本的蔡和森

蔡和森，乳名唤作和子，从小就有着倔强的性格，是同辈孩童中的首领。他常常或带领孩子们“打仗”，自己任指挥；或走悬崖峭壁，不畏艰险。

13 岁那年，蔡和森被送到一家蔡姓杂货店当学徒。每天早晚开铺关店时因背不动沉重的铺板而东摇西撞，甚至摔倒，就会遭到店主的呵斥怒骂。有一次，蔡和森因睡眠不足，头昏脑胀，错把桐油当作茶油卖给了顾客。顾客回去吃了呕吐，回来责难，蔡和森被店主狠狠打了一顿。让人出乎意料的是，遭了打骂的蔡和森回到家里，竟一声抱怨也没有，俨然没有发生过这件事情。三年学徒期满，蔡和森把铺盖一卷，对老板和老板娘说了声：“我再也不上你们这里来了。”便飞也似的跑了。

原来，这三年被压榨的学徒期间的遭遇使他对旧社会产生了万分憎恨，然而他只是将憎恶隐忍在心中，不动声色。直到后来，这颗强烈反抗的火种终于对整个封建腐朽思想进行了绝地反击。

回到家里，蔡和森迫切地要求上学读书，他认为只有读书才能改变命运，不被欺凌。可是当时家里经济困难，供不起学费。他便只能去镇上唯一一所国民小学读书。对于16岁才得以上学的蔡和森而言，他非常珍惜这个宝贵的机会。他日夜勤奋用功，入学仅一个多月，就能写短文，这震惊到了他的老师。老师觉得蔡和森才智过人，把他直接编入三年级。短短一学期的学习，蔡和森就越级升入高小班，只读了两年，就从高小毕业了。当时，蔡和森的老师认为他是高才生，劝蔡蓉峰让他继续升学，蔡蓉峰不依。好在母亲葛健豪是特别开明的，她私下典当了自己的嫁妆，终于供蔡和森考上了长沙的铁路中学。蔡和森虽然在铁路中学上学，但是当时家中经济拮据，随时可能供不下去。那年暑假，他见报载湖南一师招生，不收学膳费。蔡和森大喜，随即报名应考，一考竟被录取了。1913 年秋，他进入湖南一师学习。

后来，蔡和森转学到了湖南高等师范学校。在这里，他有了更多的机会读各类图书。我本就对蔡和森读书的精神非常钦佩，于是萌生了想要继续探寻他当年所走之路的想法。从湖南一师出来，我又想寻访当年的湖南高等师范学校，去看一看他当年读书的环境。

一说当年的湖南高等师范学校就设在湘江西岸的岳麓书院旧址。岳麓书院，位于岳麓山脚，湘江之滨，是宋开宝九年（976）由潭州（今长沙）太守朱洞创建的，“以待四方学者”之用。大中祥符八年（1015），宋真宗召见岳麓书院山长时，御笔提名“岳麓书院”四字，一时声名鹊起，与“白鹿洞书院”“嵩阳书院”“应天书院”并列为全国四大书院。朱熹任湖南安抚使时曾来书院讲学。到了 1904 年，清政府将书院改名为湖南高等学堂。辛亥革命后，又改为湖南高等师范学校。校舍建筑别致而庄严，书院内的两副名对，一为“惟楚有材，于斯为盛”；一为“纳于大麓，藏之名山”，时至今日，已经名扬海内外。又有一说，湖南高等师范学校是湖南大学的前身。

为此，我专门请教了赵丛玉主任，她也不确定当年的高等师范学校是否是设在岳麓书院中。但她可以确定的是：蔡和森在住进刘家台子之前和毛泽东一起在岳麓书院住了一段时间。

由此，我至少可以确定，毛泽东和蔡和森与岳麓书院、岳麓山是有着不解之缘的。顺着这条线索，我又特意去了一次岳麓书院。进了岳麓山的大门，往右，就可以隐隐约约看到书院藏于丛林之间，自有一番风味。现在的书院已经成了一个旅游胜地，来来往往的游客川流不息。它已经是湖南文化的一个地标。进了院中，一派古典建筑的院落，满院关不住的文化气息让人肃然起敬。这里陈列的是整个湖南的文化脉络，典藏的是古今湖南的文化灵魂。当年蔡和森于此求学苦读是极有可能的事情。书院本身就像一本典藏的古书，这本“书”里不知藏了多少从古至今潇湘大地的故事。

从岳麓书院后门出来，对面便是爱晚亭。采访赵丛玉主任的时候，她跟我说了一些蔡和森读书的轶事。想着赵主任跟我所讲的那些事情，我从岳麓书院出发，经爱晚亭，往岳麓山走去，以期能重走一遍我所了解到的蔡和森以及新民学会的青年们当年在岳麓山上所去过的一些地方。说是蔡和森在高等师范学校读书时，就在岳麓山饮马塘几间简陋的房子里住着。蔡和森当时很穷，但刻苦的程度却到了如痴如狂的地步。他如果有两个铜板，一定只用一个买点东西充饥，留着另一个买书。要是只有一个铜板呢，他宁可饿着肚子关在房子里读书，甚至一两天不吃东西也不叫苦，也要用这一个铜板去买书。当然，他的生活如此清苦，当时是不会有很多钱去买书的，学校的图书馆就成了他常去的地方。除了图书馆，就是岳麓山了。每当家里快要断炊的时候，他便清好要看的图书，装在篮子里，向母亲道别一声，直奔爱晚亭，饿着肚子看书，整天也不回家。饿极了，就以爱晚亭近处青风峡的泉水充饥或是到山上摘野果子吃。

那时毛泽东、萧子升、张昆弟等青年都喜欢去饮马堂找蔡和森。有时候，他们也会一起去岳麓山上阅读或是交谈。在张昆弟的日记中就有非常详细的记载：

> 今日早起，同蔡毛二君由蔡君居侧上岳麓，沿山脊而行至书院后下山，山风大发，空气清爽，空气浴，太阳浴，胸襟洞彻。旷然有远俗之慨，归时十一句钟矣。

读书使人进步，读书自有一种强大的磁场。在那个年代里，那样的环境中，不唯蔡和森，毛泽东、萧子升、张昆弟等先进青年几乎都嗜书如命。

渐渐地，这些青年走到了一起，团结在了一起。这其中又有着怎样的故事呢？

嘤鸣以求友

时间回到100多年前的长沙城，也就是1915年的9月，长沙城里大部分学校先后都接到一个署名为“二十八画生”的《征友启事》，信封上批着“请张贴在大家看得见的地方”几个字。启事是用八裁湘纸油印的，文章只有七八百字，大意是：今日祖国正处于危急存亡之秋，特邀请有志于爱国工作的青年组织团体，砥砺品行，储蓄才能，共同寻求救国之道……末二句是这样写的：“学嘤鸣之求，效将伯之呼。”末尾署名“二十八画生启事”。

大概这时候的毛泽东已经意识到了，改变中国的现状绝不是一两年的时间，更不是一两人的力量所能办到的。必须有很多志同道合、坚定不移的人，结成一个大的集体，持久奋斗，才能发挥力量，有所作为。这样的人光在一师找，不行；光在长沙找，也不行。必须由近及远，由一师及长沙，由长沙及全国。必须突破学校的圈子，到广大的青年中去物色。范围越广，同志越多，力量越大。于是，他想到了一个办法，那就是征友。

关于这个《征友启事》的结果，大致有两种说法。一种说法在《毛泽东早期文稿》里有记载，11月9日，毛泽东给黎锦熙的信中提到征友的情形：

> 两年以来，求友之心甚炽，夏假后，乃作一启事，张之各校，应者亦五六人。

在这种表述中，当时响应《征友启事》的有五六人。这五六人里应该有：蔡和森、萧子升、陈章甫、罗章龙、邹彝鼎、罗学瓒。

另一种说法是，由于当时社会风气还闭塞，一些青年学生不敢立即表达个人意见。所以应征的朋友并不多，最终以“三个半”收尾。而事隔多年后，在与斯诺的谈话中，毛泽东用的就是“三个半”这样颇具意味的词描述这次征友的情况：

> 我从这个广告得到三个半人的响应。一个是罗章龙，他后来参加了共产党，但是以后又转向了。另外两个青年后来变成极端反动的分子。那“半”个响应来自一个没有明确表态的青年，名叫“李立三”。

两种说法中都有的人物就是罗章龙，而罗章龙切切实实是通过《征友启事》跟毛泽东相识相知的，他们的友谊源自一个文艺的开端。

启事发出后不久罗章龙就看到了。按照启事的内容和地址，罗章龙立刻写了一封信，信是用古典文写的。大意是：看到启事后非常感动，希望能见面，约定时间和地点，我们谈谈。信末尾署名“纵宇一郎”。

罗章龙的信寄出去三四天，毛泽东回信了。毛泽东在信里引用《庄子》的两句话：空谷足音，跫然色喜。意思是发出的启事得到了回音，心里很高兴。同时，他约罗章龙星期日上午到定王台湖南省立图书馆见面，来时手持报纸为记。

那天久雨初晴，空气清新怡人，罗章龙如约而至。只见走廊上，一个身材伟岸的年轻人手里拿着报纸，看样子已经等候多时。见着罗章龙一身斯文，手里拿着报纸，毛泽东已然知道眼前的这个青年就是那个积极响应自己征友启事的人。他的形象，跟古典信所表现出的气质相差无几。

“我们到里面谈谈吧！”毛泽东说。

省图书馆的院子是僻静的，适合思考，也适合深谈。见着一块石头，两人坐下。当时是上午九点左右，一谈，就谈了三个多小时，谈话的内容很广泛。从治学到处世，从对事物、对宇宙的看法到改造社会等问题，两人畅所欲言。直到图书馆十二点休息才分手作罢。

两人相谈甚欢，意犹未尽。二人分手归舍后，罗章龙兴致大发，作诗如次：

> 白日东城路，嫏环丽且清。
> 风尘交北海，空谷见足音。
> 策喜长沙傅，骚怀楚屈平。

风流期共赏，同证此时情！

罗章龙的诗，充分表达了自己对毛泽东的敬佩之情和欣赏之意。恰逢湖南一师同学彭道良来访，谈话中，罗章龙提到这次见面的事情。彭道良笑道："今日之事可称为二奇会。"

罗章龙问其缘由，彭道良说："兄为长郡中学一奇，毛泽东为第一师范一奇，岂非二奇？"

"毛奇别名又是何来？"罗章龙追问。

"我与二十八画生是同学，颇知其人品学兼优，且具特立独行之性格。他常常向人说：'大丈夫要为天下奇，即读奇书，交奇友，著奇文，创奇迹，做个奇男子。'"彭道良解释道。

此后，要么罗章龙到一师找毛泽东，要么毛泽东去找罗章龙。天心阁、岳麓山、贾太傅祠、玉笥山、飞虎营等都是他们会见、游览的地方。

最令他们难忘的，恐怕是1915年深冬的岳麓之行。一日，毛泽东忽邀罗章龙共攀岳麓。清晨，出长沙南门，到朱张渡泛舟过江，在茶亭讨论朱熹、张栻二人在湖南留下的学术影响。至自卑亭稍事休息后，二人议定：从凤凰山、天马山分南北两路登云麓宫，先到为胜。当时正值大雪封山，冰凌嵯峨，不见鸟迹人踪。两人在凛冽的朔风中，踏着积雪冰泥，艰难前行。足足有两个来小时，罗章龙登上了北海碑亭，从树丛间隙看见毛泽东还颇为艰难地在印心小屋的小路上行走。二人会合后，一同登上了山顶的云麓宫，自是一番指点江山，良多感慨。至20世纪80年代初，已是八十高龄的罗章龙在《亢斋汗漫游诗话》中，还记忆犹新地说，当时"我们"留下了一首诗：

共泛朱张渡，层冰涨橘汀。
鸟啼枫径寂，木落翠微冥。
攀险呼俦侣，盘空识健翎。
赫曦联韵在，千载德犹馨。

在老年的罗章龙心里，对于青年时期跟毛泽东的这段纯粹的友谊，想来依旧是十分珍视的。

1918 年，毛泽东组织新民学会，罗章龙积极响应，成了最早加入学会的一批人之一。后来中国共产党成立，毛泽东和罗章龙又一起加入，成了共产党早期组织的重要人物。

1927 年 5 月，毛泽东和罗章龙同去武汉参加中共五大。会议间隙，两人还同登黄鹤楼，面对浩瀚之势，毛泽东吟咏：把酒酹滔滔，心潮逐浪高；罗章龙稍后便与之呼应：江汉滔滔据上游，棋先一着便千秋。

同年七八月间，毛泽东接受中央命令，罗章龙则主动请缨，相约回到湖南，意在重整旗鼓，再开局面。罗章龙坐镇长沙，负责湖南省委，组织市内和邻郊的工农武装；毛泽东在湘赣边界调遣主力部队，里应外合发动秋收起义。

罗章龙在毛泽东眼里，算是实实在在的“一个”好友。然所谓“转向”又是为何？

时间来到 1930 年、1931 年之交，当时的共产国际代表米夫秘密来到上海，直接插手中共内部事务。在突然召开的六届四中全会上，操纵并扶植王明等进入党的中央领导机构。身为六届中委、中央工委书记、全国总工会党团书记的罗章龙，在会上拒绝认同，坚持另行其是。其后事态急转直下，终使罗章龙结束了他作为职业革命者的政治生涯。

其后六十多年的逆境中，罗章龙颠沛辗转，隐姓埋名进入高校著述教学。他虽已推秤撒手，淡出政治，但多年来，作为党的“叛逆者”，仍入了“另册”，终成了“转向”之人。

那颇有意味的“半个”，是怎么算来的呢？这要从古时的一个典故说起：十六国时代，符坚攻取襄阳，付出极高代价，有人问他这次有何收获？符坚云：我得到一个半人。毛泽东就是用这典故中的“半个”形容当时“没有提出任何明确建议就走了”的李立三。

陈章甫的日记有记载：毛泽东与他书信往来甚密，尤其是在 1916 年春，商讨时局，数日一封。每次收到毛泽东的来信，他都会在日记中发表一番见解。袁世凯复辟之际，他愤慨地写下了《除夕偶题》：

> 呜呼一去几时归，烈士空劳举世悲；
> 沧海桑田成幻影，万民齐咒帝王徽。

罗学瓒的日记也是充满忧国忧民的内容，如 1916 年 3 月 28 日的《自勉诗》：

不患不能柔，惟患不能刚。惟刚斯不惧，惟刚斯有为。
将肩挑日月，天地等尘埃。何言乎富贵，赤胆为将来。

且不论陈章甫和罗学瓒是否是通过这次《征友启事》而与毛泽东有回应的，他们的日记和诗词所反映出的思想，却正是毛泽东征友条件最好的注解。事实上，他们也都在后来的日子里成了新民学会的主要人物。而蔡和森、萧子升与毛泽东的友谊，自然更加不消赘述了。

盛传毛蔡之名

在毛泽东这段时间所结识的朋友中，蔡和森应该算是很特别的一个。1914 年 2 月，第一师范和第四师范合并，蔡和森和毛泽东也就认识了。在一师，毛泽东和蔡和森都善于作文，尤其是有关社会问题的文章，在全校是出了名的。在湖南一师校园里流传着这样一句话：盛传毛蔡之名，仿效毛蔡之行。当时，毛泽东、蔡和森、萧子升并称三杰。那时，他们是湘江边上、岳麓山下的风华少年。

蔡和森的家，成了他们常常相聚的场所。一开始在湖南高等师范学校读书的时候，蔡和森家在饮马塘。后来，蔡和森家又搬到了岳麓山下的刘家台子，与一师一江之隔，可以对岸相望。就这么一处租的房子，却给青年们带来了无限归属感。

毛泽东、张昆弟、罗学瓒、邹鼎丞、何叔衡、萧子升等人都是蔡家的常客。这时候的毛泽东还在一师读书，每每想去找蔡和森了，毛泽东就会从对岸入水，横跨湘江，朝蔡和森家游去。游泳对青年毛泽东来说是家常便饭，也是他锻炼身体必不可少的方法。每当毛泽东高大的身影在湘江的岸边出现时，小刘昂就会扯着嗓门高呼：“润之先生来了，润之先生来了！”

进屋之前，毛泽东通常会先到菜园子里拔草捉虫，帮蔡家料理一番农活，像在自己家里一样随便自如，然后才进屋。毛泽东每次都先向葛健豪问候一声“伯母您好”，再跟蔡和森说话。蔡家人个个都喜欢毛泽东来玩，蔡母葛健豪尤其对毛泽东偏爱。她常说："润之先生的见解不凡，最是他同和子（蔡和森的乳名）的思想一致。"

每每来了，毛泽东、蔡和森、罗学瓒、张昆弟等常常拿着长条木坐在坟墓边谈天。他们从不信鬼神之说，自然也不害怕。他们谈论的问题从先秦诸子到近代名士，从世界文豪到国内学者，从个人的前途到国家民族的出路……这些先进的，能给人带来诸多裨益的问题无一不是他们谈论的范围。

那次去采访赵从玉主任之后，她特地带我到故居周围转了一圈。我对是否真有坟墓这件事情很感兴趣。赵主任笑呵呵地说："你跟我来。"

在蔡和森家住所右上角，上一个小台阶，还真就有一处坟墓，据说这个坟墓本来在修缮旧址的时候是要迁移的，而周家的后人不肯，于是留了下来。坟墓周边还有些橘子树。想来，他们当年坐在坟坪里谈论天下事的说法果然确有其事。

时间晚了，青年们就会在蔡和森家住下来，人多了，没地方睡，他们就畅谈通宵。刘昂晚上睡不着的时候偷偷爬起来看，她记得有一次大雷电，闪电照亮了房子，她看到毛泽东、蔡和森谈得非常热烈。

有时未满二十岁的蔡畅也会情不自禁地发表自己的看法。一次大家谈论到婚姻问题，分析了好几个熟人婚后不快乐的遭遇，毛泽东、蔡和森都宣扬"终身不娶"。蔡畅也在一旁感慨万千，她从小就怕被放人家，稍长又受到包办婚姻的威胁，再联想到母亲和姐姐的遭遇，觉得旧婚制对女人太残酷，令人难以容忍，所以她也宣言"终身不嫁"。然而，现实生活绝不会理想化，正如蔡畅后来说的：过了几年，三个人都愉快地结婚了。不过他们冲破了封建婚姻制度，实现了婚姻自主。

毛泽东到蔡家就像到自己家里一样，特别是毛母生病的那段时间，毛泽东更是蔡家的常客。葛健豪将门板卸下来在房间里搭了一个临时的床铺，毛母就住在这里养病。几个月来，蔡母和蔡姐端茶送饭，悉心照料。毛泽东经常横渡湘江来到这里看望母亲，每次到蔡家，总要到母亲身边端正地坐下，亲切地问："母亲身体好些吗？"话虽不多，但感情非常真挚。一天，毛泽东和两个弟弟毛泽民、毛泽覃一起来到这里，把母亲接到附近的照相馆，照了一张合影，这是他母亲一生中唯一的照片。后来，这张照片交由一位亲戚保管，多年之后才出现在毛泽东故居。

野蛮其体魄

在毛泽东与蔡和森的友谊中，热爱锻炼是他们共同的爱好。平素，毛泽东常常要进行三浴：太阳浴、雨浴、风浴。

有时候，他们故意冒着暴风骤雨攀登岳麓山，体会“纳于大麓，烈风暴雨弗迷”的意境。有一天傍晚，毛泽东和蔡和森跑到岳麓山，去的时候天晴，后下大雨，直到第二天天气放晴他们才回到家。葛健豪大惊，问：“昨晚在哪里躲雨？”他们俩相视一笑：“我们走到禹王碑，碰到下大雨，干脆洗了个天水澡。”

无论春夏秋冬，毛泽东和蔡和森都是每天早晚坚持冷水浴。他们俩还时常到湘江游泳，入秋以后也去游，游泳后躺在沙滩上晒太阳。有时在外露宿，什么也不盖，让蚊子叮得浑身是包。葛健豪见了很心疼，问：“为何不赶蚊子？”他们说：“这样可以锻炼毅力。”

月明星稀的夜晚，他们也常驾驶木帆围着橘子洲畅游湘江。一有空了，他们还会邀集一群青年去登山、远足、划船、露宿，不分昼夜，不分晴雨。

蔡和森曾对张昆弟谈及自己的生活：“余每日早四时半起，夜八时半睡。自四时半起至天马山顶，静坐运动，至九时始下山；十时早食，早饭后看书约二小时；下午或游走各处，或挖土种菜，间或看书，不以为正课焉；四时半午食，食后或静坐，或运动，或散步。每日冷水浴二次，早起后一次，临睡时一次。又于雷雨风烈之时，冒风雨而行，已练习数次，毫无风寒之意。”又说：“上所言之事，已行之一月余矣；今年下半期，拟常行之。”

1917 年的讨论

通过两年的广泛交际，毛泽东团结了一批志同道合的青年，如蔡和森、张昆弟、萧子升、罗章龙、陈章甫、罗学瓒、何叔衡、萧三、陈绍休、邹彝鼎、李维汉、彭道良、周世钊等。到了 1917 年，毛泽东与这些人的来往更加密切。

罗学瓒在1917年5月4日的日记中写道：

> 近数星期来，每天下午与同学远游三四里处，或临山，或眺水，或漫谈，觉心志愉快异常，真有大益处。

他们几乎天天以散步、游园、爬山等方式取得集合的机会，一聚在一起就会谈救国、谈立志、谈自学、谈社会、谈时局、谈读书心得、谈身心修养……总之谈论的问题非常广泛。

君子之交淡如水，张昆弟有多篇日记记载他们当时所做的一些事情：

> 九月十六日。今日星期天，约与蔡和森、毛润之、彭则厚作一、二小时之旅行……蔡君以值今日之移居，不果行……遂由山之背缘石砌而上，湘水清临其下，高峰秀揖其上，昭山其名也。山上有寺，名昭山寺……
>
> 昨日下午与毛润之游泳，游泳至岳麓山蔡和森君居，时黄昏，遂宿于此。

1917年中秋节，毛泽东邀请罗学瓒、张昆弟、邹蕴真、蔡和森、罗章龙、周世钊、邹彝鼎、李维汉、贺果、彭道良、萧三、陈绍休等16人，租用两只木船，环绕橘子洲游览了一圈。下了船，他们在橘子洲头的草地上席地而坐，漫谈“个人及全人类的生活向上”等问题。

“我们正处于一个国弱民穷的时代，需要有大志大勇的人共同探讨救国救民的真理和办法。”罗学瓒说。

“我同意学瓒的观点，国家危急存亡之秋，英俊人才大批涌现，就是这个道理。人生与忧患同来，种种烦恼皆为我练心之助，种种危险皆为我练胆之机。”邹蕴真说。

“古之圣贤豪杰多出于乱世，是因为这些人有社会责任心，敢于承担救国救民的责任。”张昆弟接着补充。

“今日言救国，非各人广求知识、高尚道德、储蓄才能不可。”毛泽东言。

“欲达此目的，非从学生时代开始不可。”周世钊说。

“我以为，欲救今日之中国，非卧薪尝胆，十年生聚，十年教训不可。”蔡和森说。

一众青年，你一言，我一语，讨论非常热烈。天上挂着一轮明亮的圆月，江山吹来习习清风，青年们讨论愈发积极热烈了。

罗章龙言：“朋友要广交，但有三种人我认为不能交，一为有势利眼的人，二为行为卑劣之人，三为谄媚之人。”

蔡和森却觉得，一个人应有出淤泥而不染、濯清涟而不妖、不为颓俗所移的节操，也应学会转移颓俗的本领。

不知不觉已过二更，大家还不愿散去。毛泽东提议背诵《唐诗三百首》中带“月”字的句子。并带头朗诵了《春江花月夜》中“海上明月共潮生”的诗句。罗学瓒诗兴大发，当即作了《与诸友人雇舟畅游水陆洲》的诗词二首：

> 其一：纵眼观天地，朦胧一味秋。我心如不乐，辄寻山水游。登高可望远，买棹任飘流。渔翁争唱晚，樵子叫山陬。自得清幽气，声声相与酬。浮云身世事，谁复能为忧？
>
> 其二：龙蛇争大地，豹虎满寰瀛。蹂躏无余隙，巢空草木惊。安得异人起，拔尖扫妖氛。倾洋涤宇宙，重建此乾坤。一同登乐国，万世庆升平。

毛泽东与周世钊也开怀和诗，可惜诗作没有留下来。这样的聚会给青年们留下了难忘的记忆。不仅毛泽东有“鹜高远而卑流俗，有九天俯视之概”，所有参加聚会的青年也多有改天换地之志。渐渐地，在毛泽东、蔡和森的周围有了一批志趣相投的青年。他们想要从提升自我修养开始，做一番改造中国的大事业，寻求救国救民的新道路。特别是到了1917年冬，青年们为此作了很多讨论。《新民学会会报》第一号里记述了当时的情形：

> 这些人大概有一种共同的感想就是“个人及全人类的生活向上”。“如何使个人及全人类的生活向上”？乃成为一个迫切待讨论

> 的问题。尤其感到的是自己生活向上的问题。相与讨论这类问题的人，大概十五人内外。有遇必讨论，有讨论必及这类问题，讨论情形至密，讨论的次数大概在百次以上。这类问题的讨论，远在民国四五两年，至民国六年之冬，乃得到一种结论，就是“集合同志，创造新环境，为共同的活动”。于是乃有组织学会的建议，一提议就得到大家的赞同了。

事实上，当时成立组织的条件也已经成熟，对此，《会务报告》里也有分析：其一，大家都觉得自己的品性要改造，学问要进步，因此求友互助之心热切到十分。其二，这时候国内的新思想和新文学已经发起了，旧思想和旧文学在诸人眼里，已一扫而空。大家觉得安静而孤独的生活不对，想要追求动态的团体的生活。其三，这批青年大多数是杨昌济的学生，受杨昌济的教学影响，多有一种奋斗和向上的人生观。

经过上百次的讨论，毛泽东、蔡和森、萧子升等人得出一个共同的结论：集合同志，创造新环境，为共同的活动。至此，一个新的团体呼之欲出！

大学之道在新民

1918 年 4 月 14 日，那是个风和日暖的星期天。初春的和风吹来了万物更新的生机，花草虫鸟结束了冬眠的懒散，空气中漂浮着新泥和芳草的气息。刘家台子蔡和森家的大桃树开花了，粉扑扑的颜色娇艳欲滴。

吃完早饭，萧三和陈绍休去找李维汉，但见李维汉的房门锁着，便转去一师本部，正巧在大门前碰到毛泽东、邹彝鼎、邹蕴真、张昆弟等，于是几人便一起结伴同行。他们准备去湘江对面岳麓山下的刘家台子。前一天，毛泽东一一口头通知了大家第二天到蔡和森家开会。

去对岸的蔡和森家需到朱张渡（又称灵官渡）乘船，他们边走边谈赶往渡口，又遇上在楚怡学校任教的萧子升及何叔衡。在江边叙谈片刻后，青年们分乘两只划子渡江到达水陆洲东侧。水陆洲经了一冬的干旱，雨季前常无水。灰白色的沙滩上河沙又细又松，走起路来费力费时，众人沿着沙滩徐徐走动，大约9时许，终于到了刘家台子。

刘家台子蔡和森家，屋子前后左右并无邻居，房屋虽有些破旧，却也清幽。四周树木不多也不高大。阳光可从墙缝瓦隙中射进来，映成斑点。今天的蔡家却不同往常，火红的旭日照得前前后后喜气洋洋。

厨房里，葛健豪、蔡畅、蔡庆熙以及小刘昂早已忙活开了，洗菜、淘米、煮饭、烧菜……蔡家像办喜事一样，屋内外整洁明亮，人人脸上洋溢着抑制不住的笑容，她们正在准备一顿丰盛的午餐。

“蔡伯母好！”众人到了蔡家后，首先给蔡母葛健豪请了安。

萧三和陈绍休还特意买了几斤肉递给葛健豪，说是请蔡伯母给大伙儿添伙食。也有人带了米，带了菜。这些年头，谁家的日子都不好过，青年们知道这个现实。毛妹子蔡畅端了一盆橘子出来放在桌上，热情地招呼大家吃。那是她用自己的工资买的。在周南女校读了两年书，蔡畅凭着自己出众的表现留校任教，每月发8块银元的工资。此时的蔡家几乎靠着蔡畅这点微薄的收入维持生活，有时甚至无米为炊。即便如此，蔡畅还是非常乐意拿出一部分工资买了水果作招待。

大厅里，毛泽东率领众青年将两张旧方桌拼起来，桌子中间摆了一个瓷茶壶和几个茶碗，再简单不过。他招呼大家坐下，边休息边等人。会议还没开始，青年们就开始高谈阔论起来，时不时发出一阵阵笑声。等到参加会议的人都到齐了，大家便围着方桌依次坐开，正式开会。

萧三日记记录，这天到会的有：毛泽东（毛润之）、蔡林彬（蔡和森）、萧子升（萧旭东）、萧三（萧植藩，也叫萧子暲）、陈绍休（陈赞周）、罗章龙（罗敖阶）、邹彝鼎（邹鼎丞）、张昆弟（张芝圃）、邹蕴真（邹泮芹）、周名弟（周明缔，也叫周晓三）、陈书农（陈启民）、叶兆祯（叶瑞庭）、何叔衡（何瞻岵）十三人。还有几位本来也要到会，但未及到会。这份名单与《新民学会会务报告》略有出入，与李维汉的回忆录也有出入。在李维汉的回忆录中，他写道当天参加会议的有十四人，将自己也列入其中。

为了落实当天到底有多少人参加会议，我向资深党史专家唐振南提出了自己的疑问。唐老认为：萧三日记是当天的记录，应该是准确的。李维汉确实没有参加这次成立大会，当天他有事去了，并未出席。但是李维汉是第一批会员，这是应该被承认的。

参加会议的除了罗章龙外，其余大多是杨昌济的学生。开会之前，青年们已经共推毛泽东、邹彝鼎起草会章。毛、邹二人众望所归，便当仁不让。对此，《新民学会会务报告》有记载：“会章系鼎丞、润之起草，条文颇详。”毛泽东简单报告了会章起草的经过，并且将起草过程中有所争议的问题摆了出来，会议就正式开始了。

学会的名字取义于《礼记》中“大学之道，在明明德，在亲民，在止于至善”的古典。意思是：大学教人的道理，在于彰显人人自身所具有的光明德性，再推己及人，使人人都能去除污染而自新（程朱四书的传文有：“‘亲’应为‘新’，革新，使人弃旧图新，去恶从善”。所以，亲民，即新民），而且精益求精，做到最完善的地步并且保持不变。取“新民”二字，即采补其所本无而新之，以求建设中国的新道路、新思想、新精神。故而学会的名称定作“新民学会”，既包含进步与革命的意义，又能反映参加学会各同志的共同愿望。这一提议在会上得到了所有人的赞同，“新民学会”这个光辉的名字就这样载入了中国的史册。

“我们组织学会的出发点是要团结一批爱国青年，侧重于研究个人及全人类生活如何向上的问题。当然，我觉得学会的发展方向应向政党。”率先说话的是毛泽东。

“孙中山组织的中国同盟会就是政党，我们组织学会就是聚集爱国青年图中国之独立富强。学会朝政党方向发展，这是题中之义。”说话的是这屋子的主人蔡和森，就算是一身淡雅的书香，也掩盖不住他朝气蓬勃的热情。

“我是主张会章写得简单明确，现在能做到的就写，现在不见诸行事的条文，我以为不宜加入。我们现在还是学术团体，当以学术研究为要，修养道德，改良人心风俗。”青年站了起来，一张清秀儒雅的脸，一袭白布衣，一副教师模样，他就是萧子升。

邹彝鼎认为：“辛亥革命后，政党林立，但无一不是追求私利。我们的学会，可向政党发展。着手方法，应先从改造自己的思想道德、民心风俗入手，去掉私心。”

邹蕴真站起来说：“改良社会，先应改变人心；改变人心，先从学术着手，研究哲学、伦理学。这是杨昌济老师的一贯主张。”

会场争论愈发激烈。讨论结果，多数赞成萧子升，有些还不见诸行事的内容就没有写入章程。对于章程里的每一条，每个人都表态，取多数人意见为最终的结果。最终，学会宗旨订立为：革新学术，砥砺品行，改良人心风俗。诸如“经纶天地之大经，立天下之大本”等内容，这一次就没有写入章程之中。

会章规定，设总干事一人，干事若干人，任期三年，由会员投票。学会会章是毛泽东起草的，且毛泽东是发起人，出力最多，会员们推举毛泽东为总干事。毛泽东再三拒绝，强力推荐萧子升做总干事，自己只同意做干事。

“子升济怀天下，博学多才，应该由他来担任本会的总干事，我可以多做些实际工作。”毛泽东说。

蔡和森首先赞同：“既然润之兄执意推托，我赞成子升担此重任。”

大家热烈鼓掌，表示通过。在一片掌声中，萧子升站了起来。他温文尔雅地说：“那就恭敬不如从命，我暂且担任此职就是。”

后来，又讨论了一些规则。规定会员需遵守五不规则：一不虚伪；二不懒惰；三不浪费；四不赌博；五不狎妓。有尚朴素、主诚实、禁浮华、戒骄傲等精神。

新会员需要五人以上介绍和半数承认，才能入会。对新会员的标准也有规定，即要品格好、志向好、学问好，确有向上要求的青年才能入会。新民学会对会员的要求和吸收会员的条件之严格可见一斑。

其他条文大概包括：会员对本会每年负一次以上通函的义务，报告自己及所在地状况及研究心得，以资互益；会员入会时缴纳入会银元一元，每年缴纳常年费银元一元；开会时间定于每月秋季开常会一次，遇必要时，召集临时会议。

当是时，厨房的饭菜已经做好。只听得葛健豪和蔡畅吆喝：“开饭了，开饭了！”

众人这才反应过来，会议不知不觉已经开了一上午，到了该吃中午饭的时候了。两张桌子拼在一起就成了临时的餐桌，会议先告一段落。众人围坐在一起，每人面前倒满了一杯茶，毛泽东带头高举茶碗，道：“感谢蔡伯母一家为我们的会议付出辛勤劳动！”众人端起茶碗，异口同声感谢蔡家人，并一干而尽。

葛健豪笑得合不拢嘴，连连作辞，表示不需要感谢，又道是自己能够看到新民学会成立，高兴着呢！众人早已对这位蔡伯母有所耳闻。如此时代，这样的女性实属了不起，在场诸位都对葛健豪敬重得很。

这顿饭吃得很热闹，青年们边吃饭，边谈生活、谈理想、谈古论今、谈中外轶事。你一言我一语，笑语连连。

初春时节，太阳照暖的空气很舒适，不冷也不热。中午的阳光已经晒掉了清晨的寒意，光线从树叶的缝隙直射下来，斑驳又明亮，像一颗颗时隐时现的珍珠。一向热爱日光浴的青年们自然不会放过这么好的阳光。众人提议把下午的会议改到湘江边上的沙滩上开。此时，湘江里的水微微荡漾着，在太阳光下，仿佛荡出了闪闪发亮的玉珠。

青年们在沙滩上随意地坐下，边开会边享受日光。下午的会议内容具体讨论学会会员出省、出国诸事宜，直到5时才结束。青年们向蔡家道了谢又话了别，之后一同向江边走去。会后，罗章龙写诗一首，以资纪念：

济济新民会，风云一代英。
沩痴盟众士，滢水泛流觥。
佳气郁衡麓，春风拂郡城。
庄严公约在，掷地作金声。

毛泽东后来在给黎锦熙的信中提到新民学会的建立，黎锦熙称道：其事业与求学计划颇宏远，行之亦甚果毅，良不易得。

至同年8月，李维汉（李和笙）、罗学瓒（罗荣熙）、周世钊（周惇元）、熊楚雄（瑾玎）、熊光楚（熊昆甫）、陈章甫（陈昌）、傅昌钰（傅海涛）、曾以鲁（曾星煌）、彭道良（彭则厚）等相继入会。会员增至二十余人。

罗学瓒在给祖父的信中讲述了他参加新民学会的想法。信中写道：

孙近几年来，颇研究世界各国之事，故晓得外国人打我中国的主意……故近日青年多为此惧怕，思组合同志，结成团体……以谋中国之富强，为中国百姓开一条谋生之路，以图异日之起死回生。

从信中的内容可以看出，新民学会在当时的先进青年心中就像是黑暗中的一盏启明灯，他们自动向它靠近，又志在为社会输送光明。

当然，这一盏灯不会抛下女性这半边天。一批进步女青年早就想要斩断封建的藩篱，奔赴自由独立的理想之地。新民学会的成立像是一股东风，吹到了“万事俱备”的女性世界，封建的藩篱很快被吹开了一道口子。1919 年，李思安、向警予、陶斯咏和被誉为“周南三杰”的周敦祥、劳君展、魏璧加入新民学会，成了最早的一批女会员。1920 年，蔡畅、任培道等一批进步女性又加入学会。正是这样一批女性，敲响了女性解放的钟声。

短短两三年的时间，学会会员发展到七八十人。毛泽东在延安同斯诺谈话时说道：“学会有 70 到 80 多会员，其中许多人后来成了中国共产主义和中国革命史上的有名人物。”

志同道合真是最好的黏合剂，这一群热血青年从四面八方走到了一起，为个人及人类的生活向上，发出掷地有声的呐喊。他们在时代的浪潮里冲锋，在生死存亡间蜕变，这一希望的火种在不久之后改变了整个国家的命运和走向。

莫道行路难

新民学会成立后不久，毛泽东和蔡和森一起，踏上了去滨湖游历的征程。

早在一年前，毛泽东就和萧子升走过一次这样的路。当时，毛泽东穿着一双草鞋，同萧子升一起，拿着简单的行李从长沙出发了。他们准备徒步游历长沙周边的县市。历时一个多月，步行九百余里。他们经过了许多市镇，也去了偏僻的农村。他们的双眼看到的不是五彩缤纷的颜色，而是各个阶层的人民最真实的生活。他们参与其中的不是五花八门的享乐，而是传承久远的风俗人情。遇上学校、商店，他们就写副对联送去，得到一点工钱，解决吃饭问题。这一走，就走遍了长沙、宁乡、安化、益阳和沅江等地。一双脚到底有多长，只有丈量了土地才知道。意志和身体，往往就是在丈量土地的路上得以加固和武装。

回到学校后，毛泽东对这次游历回味无穷。他兴致勃勃地告诉了蔡和森，绘声绘色地描述了一路上的所见所闻。蔡和森听了，仿佛自己也融入其中了，不禁心潮澎湃，当即就表示，希望有机会与毛泽东一道再进行同样的游历。时隔一年后，他的愿望终于实现了。

关于毛泽东和蔡和森的这次游历情况如何，各种说法不一。我搜罗了一些资料，不少人对此事有所记载。

周世钊是这样写的：

> 当他们由岳麓山周家台子动身时，蔡和森同志对他的母亲、妹妹说："我们出去走走，只要两三天就回来。"但他们出了门，越走越远，越走越觉得有意思，就一路走去，不想罢休，直到过了一个多月才回家。
>
> 他们这回是围绕洞庭湖的南岸和东岸走的。他们到过湘阴、岳阳、平江、浏阳几个县。在路上到处访问农民，访问学校，也参观一些名胜古迹……
>
> 他们在湘阴县参观了一个女子职业学校。那里的社会风气很闭塞，男先生不是年老的不能在女学校教书，所以这个学校的教员都是有胡子的老先生。毛泽东在写完这个学校参观感想的时候，用"胡子之作用大矣哉"来结束这篇文章。
>
> 他们这次长途旅行，带着很丰富的收获回到岳麓山。
>
> 当他们踏进蔡家的门时，虽然全身污黑，精神却不觉得疲劳。他们高兴地告诉蔡母："我们是到一处，吃一处。遇着寺庙，就进去找和尚谈天；遇着机关、学校，就给人家送字，我们完全学会了游学先生的办法来解决吃饭问题。农民才见我们的时候，说我们不像平常送字的游学先生，摸不清我们究竟是什么人。还有人说我们有点像算八字的。等到我们和他们接触、谈话以后，他们又很欢迎我们，招待我们住宿、吃饭。"

萧子升在一本书中是这样写的：

> 另一个夏天，（毛泽东）和蔡和森在农村作了一次同样的旅行——"每人只带一把伞，伞上扎了一块毛巾，脚上穿一双草鞋"。他们离家前，蔡告诉他母亲和妹妹蔡畅："我们两三天就回

来。”但他们几乎出去了两个月以后才出现。当他们遨游农村时，他们调查农村的风俗习惯，考察农民生活、收租情况，地主和佃农的关系，以及无地农民的穷困生活。据萧三说，农民经常供给他们食物和住处，但更多的时候，他们睡在露天里，靠山楂浆果过活。

周方是蔡和森在湖南高等师范学校的同学，也是跟他同租的舍友。周方记得当时是这样的：

一九一八年春，毛泽东同志奉母来省治颈痈，寄寓蔡家，毛同志常来侍候。便同蔡和森纵谈研究学术、济世救国救民的准备工作。有一次，两人着草履，背包袱，同游洞庭湖滨，约半月始返。母问你俩带旅费不多，何以经久远行？和森同志纵谈经历，以为笑乐。

周方还记述了蔡和森对他母亲谈的经历：

一日傍晚，过一大宅高楼下，闻书声琅琅。我俩好奇心发，便叩门登楼，有塾师督七八学生诵读。讶其衣着，而不与为礼。我俩与语古今教学法优劣，谈吐风生，并涉及到上下古今。塾师惊奇，命学生备酒肉款待，并留宿塾中。又一日过田垅中，见农民敲锣打鼓插田。我俩为向劳动人民探知风土人情，便结束衣履，下田插秧，共同协作竞赛以为乐。我俩来自异地，农友在早晨和中午饷以甜酒和粉蒸肉，互相谈问各地风土人情，怡然如一家。我俩辞行，还恳切相留。

这些回忆记述的内容各有各的妙处，足以证明蔡和森与毛泽东一起去洞庭湖周边游学这件事情确有其事。蔡和森自己对这次游历也有所记载，他曾描述当时的感受说：

我们见人说话，遇事帮忙，获得农民的欢迎，得到了不少教益。看来，天下贫苦农民是一家，只要乐于助人，走遍天下也不难啊！

有句话是这样说的：思想和身体，至少要有一个在路上。而往往，身体在路上的时候，思想也正在路上，奔走、成长、飞跃。要不是游历对人有着诸多益处，毛泽东、蔡和森、萧子升也不会乐此不疲。

这次游历后不久，毛泽东、蔡和森接到了在北大任教的杨昌济寄来的信。而这封信给他们带来了一个更大可能的行走。杨昌济告诉他们，北京有人发起了勤工俭学运动，要他们去北京联络这一事情，为湖南有志于赴法的学生找一条出路。

正当此时，新民学会的青年大多已经毕业。毕业后到何处去？是学习，是工作？还是出国、出省继续深造？这些现实的问题迫切地摆在多数青年的面前。新民学会的会员都是有理想、有抱负的青年，他们觉得仅仅在长沙学习和工作，不能扩大知识面，多数会员有出国学习的志向。那时候出国留学大致有两个方向：一是去资本主义比较发达的国家去，二是到马来西亚、印度尼西亚等地去，那里华侨多，地域广，好找工作。当时去日本留学的也比较多，全国有万余人，湖南有近千人。一时间，前路漫漫。去哪里？怎么走？这个现实的问题摆在青年们的面前，难以定论。

杨昌济的信就是一场及时雨，为青年们带来了一个新希望。1918 年 6 月 20 日，新民学会在湖南一师附属小学开会，研究会友向外发展的问题。何叔衡、毛泽东、蔡和森、萧子升、萧三、陈绍休、周世钊、邹彝鼎、张昆弟、李维汉、陈启民等人如约而至。

萧子升首先宣读了杨昌济的来信，大意是：北京大学校长蔡元培与曾在法国留学的李石曾、吴玉章等人正在组织青年赴法勤工俭学，其目的是去学习西方先进的科学文化知识，输入西方文明，实行科学救国、教育救国、实业救国。现已在北京、保定等处办有留法预备学校，讲授法语和勤工俭学的基本技能。有志勤工俭学者，不拘学历，可以报名，有特殊困难者，还可得到华法教育会的赞助。这是有志青年出外寻找国家、民族及个人出路的好机会，希望新民学会会员前往北京参加留法预备班的学习。

蔡和森接着发言，介绍了勤工俭学运动的起源。蔡和森还披露心思："寻求救国真理，是我多年向往的事。"

1917 年 6 月，蔡和森从湖南高等师范学校毕业以后，曾想从事教育事业。在教育界一则可以结交同志，培养人才；二则可以广泛阅读书籍，继续深造。在那样的时代，哪里有他想象的那么容易？所以，当他毕业以后满怀热情地走向社会的时候，所尝到的只是人世的冷遇，连小学教员的工作都找不到。于是他又想别的出路，托一位朋友帮忙找私塾性质的“乡馆”，可是这个希望最后也落空了。

面对现实，蔡和森深切地认识到，这种失业绝不是他一个人的问题，而是整个社会的问题。如果不从根本上改造社会，失业问题以及其他种种问题，都将无法解决。他决定不再为找职业而奔波，而决心把时间集中在阅读书籍和研究社会问题上来。他把这些想法告诉了母亲葛健豪，葛健豪非常支持。就这样，蔡家靠着蔡畅在周南女校的微薄收入，以及葛健豪和蔡庆熙零散做工补贴家用，生活极为清苦。

收到杨昌济的来信时，蔡和森欢喜得跳跃起来。他对毛泽东说：“这是最好的机会，我们不能放过。”讨论之下，新民学会决定派蔡和森打前锋，去联系赴法勤工俭学事宜。不久，带着“负进行之责”的使命，蔡和森从长沙搭乘小火轮，踏上了北上的征程。

第二章　扬帆远航

当勤工俭学的号角吹响时，新民学会的青年才俊们正在谋求“向外发展”。这一波向西方文明学习的浪潮，终究还是席卷了中国大地，新民学会先进的青年们也无出其外。于是，从潇湘大地走向首都北京，从首都北京又奔赴遥远的法国。青年们走出了地域的封锁，也走出了内心的围墙。千秋事业，由此而打开了一扇大门。

若其大意，则在“吾辈总要如何秉了现在之志向，于现在立一可大可久的基础，以为后来活动地步”。吾兄颇以去长沙为遗恨，弟则久思可以补救之方；其方若曰：如得鼎兄出以挥霍旁通之才，广联高小中学专门之学生，而且介绍京湘之常常通信，实无异亲炙也。前于楚怡诸生，欲其通信，即是此意。前将启程时，与家母商议，谓三年之内，必使我辈团体，成为中国之重心点。

——摘自 1918 年 7 月底《蔡林彬给陈绍休萧子暲萧子升毛泽东——京保留法预备班的创设及新民学会的大计》

风尘仆仆上京都

1918 年 6 月的一天，蔡和森怀揣着杨昌济的推荐函，来到东堂子胡同 33 号。这次，他要拜见的是他仰慕已久的北大校长蔡元培。这位学界泰斗手中握着赴法勤工俭学通行证，蔡和森此去，抱着势在必得的决心。

不久前，接到恩师杨昌济送来的消息后，蔡和森就简单收拾了行李，乘着一艘客船从湖南长沙扬帆起航，直驱武昌。蔡和森这次远赴北京重任在身。新民学会成立以后，众会友开会决定了“会友向外发展”的战略，他就是奉全体会员所托，“专司其事”到北京联系赴法勤工俭学事宜的。他一方面欣喜激动，一方面又思绪繁重。

船顺着浩瀚江水来到了洞庭湖。凭栏远眺，湖上波光万顷，粼粼如银。而家国，鬼魅横行，风雨如磐。这个满怀忧思的青年不由得站在船头，思绪起伏，心事满满。他可能想到了等着“撑巨艰”“挽狂澜”的家国，也可能想到了新民学会，想到了友人。望着这个汇集湘、资、沅、澧四水的八百里洞庭，他诗兴大发，将万千思绪吟咏成一首《少年行》：

大陆龙蛇起，乾坤一少年。
乡国骚扰尽，风雨送征船。
世乱吾自治，为学志转坚。
从师万里外，访友入文渊。
……
匡复有吾在，与人撑巨艰。
忠诚印寸心，浩然充两间。
虽无鲁阳戈，庶几挽狂澜。
凭舟衡国变，意志鼓黎元。
潭州蔚人望，洞庭证源泉。

诗中，有对国家的担忧，对自我的期望，对未来的希望。新民学会那一众有着远大抱负和理想的青年，包括他蔡和森自己不正是改造社会、扭转乾坤的中坚力量吗？“乾坤一少年”是何等的潇洒。此时，蔡和森心里又多了几分信心和希望。带着这份希望，他顺利到达了北京。下了车，直奔豆腐池胡同九号杨昌济的家。在杨昌济的帮助下，他着手筹备赴法勤工俭学的事情。

论起留法勤工俭学运动，离不开法国巴黎的中国豆腐公司，而这个豆腐公司的起点直隶省高阳县是李石曾的故乡。李石曾、蔡元培、吴稚晖算是勤工俭学运动的三大巨擘。李石曾是实践者，吴稚晖是宣传家，蔡元培则是领袖。

20世纪初，当李石曾回到家乡高阳，找他的朋友商量招华工赴法到他的法国豆腐公司工作时，竟没有一个人报名。

朋友戏谑地说：“年兄，看来大家宁愿在老家磨豆腐，也不愿去法国发洋财呀！”

“重赏之下必有勇夫，先给他们发安家费、路费，还怕没人去?”李石曾很自信。

果不其然，当李石曾改变了招工策略，白花花的银圆引诱着人们的时候，他招到了两个志愿者。

志愿者先到李石曾在布里村办的豆腐公司培训班学技术和简单的法语，而后，在李石曾的安排下，他们踏上了奔赴法国的漫漫旅程。这不仅是中国工人第一次赴法做工，也是法国有史以来第一次出现了“华工”。

万事开头难，这个头阵打响了，后面的事情就好办了。当第一二批华工跟着李石曾从法兰西将白花花的银圆寄回老家时，千百年来躬耕黄土的高阳人目瞪口呆。一时间，做豆腐、发洋财成了高阳人趋之若骛的一件事情。很快，李石曾的豆腐公司人满为患，他只得给去往法国的华工找其他的出路，将华工介绍给其他的公司。慢慢地，赴法的人越来越多。

因为著名的“苏报案”被迫留洋，吴稚晖与蔡元培、李石曾试行“俭学”。当时，他们“一箪食，一瓢饮，居陋巷，曲肱而枕之”，试验证明，俭学大有可为，勤工俭学初见雏形。吴稚晖用他的生花妙笔，发表了九篇鼓吹留法勤工俭学的文章，犹如一颗颗重磅炸弹，丢向了当时万马齐喑的中国知识界、教育界。不过，吴稚晖在后来的里昂中法大学斗争中却一改赤子之诚，要了政客手腕，最后被留学生轰跑，这是后话。即便如此，我们也不能磨灭他在前期开拓阶段的功绩。

就这样，李石曾、吴稚晖、蔡元培将勤工俭学的思想引入中国。“华法教育会”成立了。1916年，当“华法教育会”在巴黎自由教育会所成立的时候，蔡元培振臂高呼“华法教育会万岁”。留法勤工俭学是蔡元培心仪的事业之一，他终生提倡，一以贯之。他在为留法勤工俭学会撰写的说明中强调“劳工神圣”的观点，他这样写道：

> 吾人所作之功，亦所以供给他人之需要。通功易事，惟人人各作其工，斯人能各得其所需。神农之教曰：一夫不耕，或受之饥；一女不织，或受之寒……是以作工为吾人之天职。

许多青年学子想去赴法勤工俭学，第一个想到的就是找这位学界巨擘——蔡元培。随着去往法国的华工越来越多，随着蔡元培等进步人士的参与其中，华人奔赴法国除了寻求自身的出路，更有在黑暗的旧中国寻求祖国出路的新意义。一时间，中国人赴法渐渐突破了发洋财的简单目的，而被注入了新的内容和新的吸引力。到了五四运动前后，赴法勤工俭学成了中国进步青年的普遍追求。华工们敲开了法兰西的大门，也敲响了中国有志青年奔赴西方寻求真理的晨钟。

蔡和森就是其中一位有志青年，带着奔赴西方寻求真理的理想，他找到了蔡元培。一路上，他努力梳理着留法勤工俭学运动的前世今生，生怕对答之间出了笑话。

终于见着景仰已久的蔡校长，这个二十岁出头的小伙子虽然有些兴奋，却也言谈淡定："蔡先生，和森此来专为教育一事叨扰，湖南政局乱极，政权更迭，教育摧残殆尽，学子几至无学可求，特想请蔡先生指点赴法留学的出路。"

见着蔡和森一身书生气但正义凛然的样子，蔡元培兴趣颇浓，他说："我们办华法教育会的目的，就是要为你们这些投学无门、无依无靠的学子找一条振兴实业、提升教育的路。"

蔡和森听了非常高兴，说道是湖南学子中有一部分进步青年很有向外发展的恳切愿望。蔡元培说："我本就很佩服湖南人的勇气和胆识，'打掉牙和血吞'，曾涤生的话总让我想起湖南人的个性。"

"蔡先生，我和曾涤生还是亲戚呢。"蔡和森高兴地说。小时候，蔡和森跟着母亲葛健豪在荷叶塘外祖母家住过一阵。用曾国藩的故事去鼓励后辈发奋读书是当时封建地主阶级教育子女最普遍的方式，葛家和蔡家也不例外。他听了很多"曾大人"即曾国藩的故事，不曾想今天还派上了用场。

别了蔡元培，蔡和森很兴奋。蔡校长的话让他感觉到勤工俭学的事情有了眉目。他回到住处就和毛泽东、萧子升等人写信，道：

> 大学蔡校长，弟会见一次，伊正谋网罗海内人才，集中一点，弟颇羡其所为。觉吾三人有进大学之必要，进后又兼事之必要，可大可久之基，或者在此。储养练习，或可同时并得。

蔡和森思索了一小会，仿佛看到了自己和同学们乘上邮轮驶向法国巴黎的模样，不觉更兴奋，于是奋笔疾书：

望兄和子升讨论研究，定其行止，复我一函，是所至盼！

7月底，蔡和森又给毛泽东、萧子升、陈绍休、萧三去了一封长信，信中内容为“京保留法预备班的创设及新民学会的大计”，蔡和森在信中志气满满地坦言：

三年之内，必使我辈团体，成为中国之重心点。

呼哧呼哧的火车头

“呼哧呼哧”，一辆老式燃煤火车头冒出了白烟，驶离长沙。

车上，二十多个二十来岁的青年，长衫布鞋，拎着简单的行李，依次按着自己的位子坐下。

这天是1918年的8月15日，领头的是毛泽东。接到蔡和森的信之后，他很高兴，喊来了萧子升，为留学的事情奔走呼号。起初，愿意去的人极少，到了出发北上之时，终有25人愿意一同赴京，其中包括毛泽东、萧子升、罗学瓒、张昆弟、罗章龙、邹彝鼎、李维汉、陈绍休等11位新民学会的成员。

“子升兄，从前我们徒步绕行湖南诸县市，将来出洋留学搞勤工俭学，可是要绕行世界呵。”毛泽东说。

“是呵，到时候就可以学习西方之方法，改造中国教育。”一身长衫打扮的萧子升，满身散发着儒雅的书生气。

“不仅如此，我们还要改造社会，用自己的双手，建设一个干干净净的中国！”毛泽东说着，从座位上站了起来，望向窗外。战乱之中，满目疮痍的祖国大地让眼前这位青年不由得脸色凝重起来。

突然，火车停了，停在了河南漯河的火车站台。

“前面铁路被洪水冲垮了，火车行进不得，大家快下车吧！”车厢里有人在高呼。

随着车厢门缓缓打开，青年们跟着大部队走出了车门。

“今天要在这里过夜咯！”有人失望地说。

“要我说，与其坐等，不如我们徒步前行吧，许昌附近就是曹操的魏都遗址，我们何不顺道去凭吊一番?”毛泽东打起精神，号召起来，全然没有长途跋涉的疲惫感。

“这样极好!”萧子升、张昆弟、萧三、罗章龙等异口同声。大家步行 20 里，前往许昌凭吊三国时期的魏都遗址。

此时，昔日繁荣昌盛的魏都早已今非昔比，莽莽古原上，古木参天，芳草萋萋，乌鸦低飞。几个意气风发的青年兴致勃勃而来，不免有些怀古伤今。

毛泽东诗兴大发，邀来同伴罗章龙联名赋诗。一首《过魏都》脱口而出：

横槊赋诗意飞扬，自明本志好文章。
萧条异代西田墓，铜雀荒沦落夕阳。

观罢魏都，青年们回到火车站对面破败简陋的小旅馆。这时，酷暑烘烤着古老的庭院，似乎急待一场雨。就像古老的中国，急待一场全新的洗礼。

第二天从许昌上了车，终于在 1918 年 8 月 19 日赶到了北京。

当这群二十岁出头的青年出了火车站，来到宽阔的大街，望着高大的城楼，他们深切地感觉到京都的不同寻常。

“子升兄，北京城这样的繁华，真不知道先生们怎么做学问?”毛泽东感慨。

萧子升掸了掸身上的尘土：“这叫繁华？到了巴黎那灯红酒绿的世界，你还不看花眼?”

“就你穷讲究。”望着萧子升掸尘土的样子，毛泽东不禁笑了起来。

说罢，毛泽东、萧子升询问了路人之后，便朝着鼓楼后豆腐池胡同九号走去，那里，是他们的恩师杨昌济在北京的家。

“强避桃源作太古，欲栽大树拄长天”，这是杨昌济的明志联。这天，在异地他乡，杨昌济迎来了他在一师亲手培育的几棵“大树”，他们现在正为留法勤工俭学的事情奔走呼号。杨昌济是知道的，并且他全力支持。

毛泽东的第一次北京之旅就这样开始了。

隆然高炕大被同眠

见了恩师，毛泽东和萧子升又马不停蹄地找到已经在京为留学事宜周旋了两个月的蔡和森。事实上，蔡和森已经等候多时，他迫不及待地想要把这两个月在北京的所见所闻跟朋友们说道说道。

毛泽东能来北京，他实在是高兴极了。他在给邹彝鼎的一封信中这么写道："驻京惟有润兄最宜，弟则反恐不经济。"在蔡和森看来，只有毛泽东来了，他才能安心，以前的种种顾虑才能得到解决。

终于，他盼来了毛泽东和新民学会的会友们。当事情有了眉目后，蔡和森又写信给在长沙第一师范附小任教的陈绍休、邹彝鼎等人，转告毛泽东来京后组织赴法勤工俭学的工作进展，并催促他们从速来京。10 月 7 日，陈绍休带领第二批三十多个湖南青年抵达保定，毛泽东、蔡和森、萧子升从北京赶去迎接。邀上留法高级预备班的李维汉、李富春、贺果等人，他们一道参观保定市容，绕城墙走了一圈，并在莲花池公园合影留念。当晚，李维汉、张昆弟、贺果等特地到他们下榻处保定唐家胡同第一客栈座谈，畅谈一个月来的学习生活感受。毛泽东赞扬他们带了个好头。

随着来北京的同志越来越多，留法勤工俭学的事情也越来越紧迫。当时，由湖南去北京的学生除了毛泽东住在杨昌济家，其他的分散住在几个会馆里，会馆离城里较远，交通也不便，每每聚会谈事情，总觉不便。

"当务之急是找个集中的地方住下，既可安身，又可谋事。"在一次聚会时，萧子升说。

"子升所言极是。"毛泽东说，"这个地方最好在城内比较集中的地方。"

"只是我们普遍囊中羞涩，便宜些为好。"罗章龙说。

"我倒知道一个地方，我去联系一下，诸君且等信吧！"萧子升说罢，便出门去了。

这时北京的天气已渐渐冷了起来，大街上的行人已经穿起了薄棉袄。萧子升裹了裹身上的大衣，朝北京大学走去。

前些天，他偶然听得北大附近有学生说吉安租房子便宜，便想来探探虚实。

说吉安房子租金便宜倒也是有些原因的，在清朝时这里叫作梓宫，是停放皇帝棺材的地方，等墓建好了，才把棺材运进去。所以吉安这个地方很大，有宫殿，有住房。清朝垮台后这里成了一片废墟，但宫殿还在，没有占用。

萧子升几经打听，来到了附近的一条小巷。小巷不宽，有些偏僻，叫吉安所东夹道。见着一户人家有房出租，他敲了敲门，一个中年妇女探出头来，打量了一下萧子升，有些拘谨地问："先生有何事？"

"我是大学学生，与几位同学想要一起租了您这三间房子，不知可否？"萧子升作了个揖，一副绅士样子。

见来客是学生，中年妇女放松了些警惕，又见萧子升斯斯文文，便同意租房事情，房租倒也便宜。这个房子的主人原是已经没落的满族人，现时兵荒马乱，男的只好去河南当差去了，留下个腼腆的妇道人家在家里守着。

就这样，萧子升把房子的事情敲定了。当即，萧子升、毛泽东、陈绍休、罗学瓒、熊焜甫、罗章龙、欧阳玉山就搬到了三眼井吉安所东夹道七号。不久，蔡和森也从布里村搬来一起同住。

房子很小，小到每个人只能占有一块方砖那么大的地方。湖南人被子大，几个大男人一个挨着一个睡着，怎么也摊不开被子。

正当大家为此发愁时，有人提议：我们何不来个大被同眠？

众人连声称好。于是，有些人的被子垫在底下，有些人的被子压在上面。虽然炕窄人多，挤得骨头发酸，晚上起床还要轻声招呼左右的人才能起身，但"隆然高炕，大被同眠"的友谊，却让这群背井离乡的青年在寒冷的北方感受到了春天般的温暖。

开始的时候，这一群青年没地方吃饭，只能到外面下馆子，但是一分钱难倒英雄汉，饭食费无疑让这群囊中羞涩的青年雪上加霜。后面大家商议，决定自己起火。

北方以面食为主，南方人却不太会做，何况是一群男人。自己起火的第一顿饭就吃了一盆浆糊。

那日，罗章龙买来了一个大脸盆，他想着可以盛面食用。大家相互望了望，谁都没有自信给大伙儿做一顿饭。

"我来做吧！"萧子升抡起袖子。

“子升兄，你还会这手艺?”罗章龙半信半疑。

“你们且等着吃吧!”萧子升自信满满。

待到中午，大家出去忙活了半上午回到家时，放在他们面前的是一大盆浆糊。

罗章龙摸了下咕噜咕噜叫的肚子，却怎么也吃不下去，只好与诸君面面相觑。

“扑哧”一声，笑声从对面的小窗户传来。这个中年妇女平素只是从小窗户望着大家，有事也只让八九岁的小女儿出来说话，这会儿怕是再也看不过去了。

房东走了出来，说是愿意教他们做面食。众人围了过去，感谢房东愿意伸出援助之手。

“诸位老弟，你们这些读书人大概也学不会做吃食。要不这样，我不要你们的工钱，做好了与你们同吃就可以了，你们觉得怎么样?”这时，送水的山东人老侯正巧送水回来。老侯是个地道的劳动人民，为人忠厚朴实。

“那敢情好啊，就劳烦您了!”毛泽东走了出来，一口表态。

老侯探头过来望了望，发现什么炊具都没有，连连摇头：“你们等会儿。”

说罢，他转身便回了家。不久，就把自己的那套餐具搬了过来放到院子里。

就这样，青年们解决吃住问题。老侯同他们感情很好，常在一起吃馍、吃咸菜。房东也熟络了起来，常帮他们缝补衣裳。

北方的冬天实在寒冷，青年们每人又只有一件旧棉衣。没办法，八个人外出时，只好轮流穿起萧子升的唯一一件大衣，但还是有好几个人病倒了。即便如此，青年们还是抓住每一个空闲时间步行游历了北京周边的很多地方，结交了许多工农朋友。越是寒冷，毛泽东越是组织大家勤加锻炼，这才勉强熬过了那个寒冷的冬天。

从 1918 年秋到 1919 年春，毛泽东、萧子升、蔡和森等人就居住于此，在北京这片土地上为理想铺路搭桥。

在北京大学图书馆工作

1918年，毛泽东跟随杨昌济的来到北京大学图书馆时，馆长李大钊正在明八行笺上写字。

"'铁肩担道义，妙笔著文章。'李先生的字真是苍劲洒脱。"毛泽东看着李大钊的字赞叹道。望着身高面白，毫无学究气、迂腐气的北大教授李大钊，毛泽东感到很亲切。

看到来客是位身材高挑，宽额明眸，一身凛然英气的青年，李大钊留着浓密八字胡的脸上露出了笑容。毛泽东又作了一番自我介绍。李大钊不由得对这位跟自己出身类似的青年有些惺惺相惜。

两人交谈了一番，李大钊说："毛泽东这么酷爱阅读，图书管理员的工作倒是可以得些读书的便利，不过薪金每月只有八块大洋。"

毛泽东因为当时母亲病重，父亲年迈，身上实在是没钱。既能够阅读，又能够组织留学勤工俭学的活动，还能赚些生活费，毛泽东对这份工作很满意，一口答应了下来。正是这样一份工作，给了毛泽东机会去接触较多的学者，比如李大钊、陈独秀、蔡元培、胡适、邵飘萍等人。

早在读书时期，毛泽东就对主编《新青年》的陈独秀心怀敬意。见到陈独秀的时候，毛泽东有些激动，但态度谦虚诚恳。所有这些给陈独秀留下了美好的印象。对于毛泽东，陈独秀在《体育之研究》中已经领略了他的思想和才华。一见面，他就夸奖毛泽东："你那文章写得好，特别是'盖天地惟动而已'，这观点有创见。"至此相见，两个人结下了良好的情谊。

到了1919年6月11日晚，陈独秀在北京前门外新世界游艺场散发《北京市民宣言》而被捕后，毛泽东挥笔撰写了《陈独秀之被捕及营救》。他赞颂陈独秀是"思想界的明星"，而且大胆发言：陈君之被逮，决不能损及陈君的毫末，并且是留着大大的一个纪念于新思潮，使他越发光辉远大。政府绝没有胆子将陈君处死。就是死了，也不能损及陈君至坚至高精神的毫末。

与陈独秀的交往是和谐而顺利的。然而，并非与所有的学者的交往都可以一开始就顺利。在北京大学听了胡适的演讲后，毛泽东操着一口湖南口音向胡适提问。这位大教授问旁边的人："提问的是哪一个?"当得知毛泽东是不在册的小职员后，他竟拒绝回答问题。后来，毛泽东在回忆这件事情的时候说："他们都是大忙人，没有时间听一个图书管理员说南方话。"由于毛泽东虚心求教，经过多次的接触后，情况发生了变化。特别是当胡适看过了《湘江评论》后，情况大大转变。毛泽东第二次去北京时，就已经成了胡适的至交。

也是在这段时间，毛泽东还和蔡和森一起邀请蔡元培、陶孟和、胡适三位先生和在京的新民学会会员举办座谈会。座谈形式为会友提出问题，请三位先生答复，所谈多是学术问题、人生观问题、留法勤工俭学有关问题。

直到 1919 年 3 月 12 日，得知母亲病重的消息，又值第一批赴法勤工俭学的学生要从上海乘轮船启程赴法，毛泽东才辞去了北京大学图书馆助理员的职务。

李石曾的素衣

在北大图书馆工作期间，毛泽东除了汲取知识，赚取生活费，更重要的一个想法还是为赴法勤工俭学的事情谋求出路。此时，蔡和森、萧子升等人也在为赴法勤工俭学忙前忙后。

一日，毛泽东、蔡和森、萧子升、罗章龙准备约了一起去东城遂安胡同找李石曾。大家深知，留法勤工俭学的事情，没有李的首肯，是万万行不通的。

李石曾毕业于法国大学，学生物专业，当时以教授的身份活动。李石曾一生办了无数个文化组织、教育组织、工商实体。时而以素食界领袖身份出现，时而以教育家身份现身；时而是无政府主义的忠实信徒，时而又热衷暗杀与爆炸工作。这个花花世界的"千面人"一生热衷开创却无一完美收官，四下播种却没有丰硕的果实。所幸，对于教育事业，他还是真诚的，留法勤工俭学是他的一个杰作。对四下奔走呼号的留法勤工俭学生而言，李石曾被奉若"祖师爷"。布里留法工艺学校初建招生时，李石曾亲临视察。他不管北京政府教育部的规定，自己制定了一套考试办法。留法勤工俭学这张通行证，青年学子们还要从这个“祖师爷”手上争取。

次日，毛泽东、萧子升、蔡和森、罗章龙四人一同前往，李石曾将见面地点定在他在北京的香山别墅。

门口，一个盛年男人身着素衣，身材中等，但是不乏英光锐气，那便是李石曾。“欢迎欢迎。”李石曾热情地跟四个年轻人握了手。李家别墅，富丽堂皇。李石曾，一身素衣。

“萧老弟，上次跟你说的事情考虑得怎么样了?”一旁，李石曾拉过萧子升的手，对他格外亲近。

“石曾先生抬举学生，但凭您做主。”萧子升一副志得意满的模样。

原来，早些天，萧子升已经来拜访过这位李石曾了。当时萧子升第一次去见李石曾，他手执蔡元培的介绍信，又从口袋里掏出一张用漂亮小楷写满了问题的卡片，一口气将诸如旅法川资、半工半读、学生用度、赴法后做工等二十多个问题，像连珠炮一般抛给了李石曾。李石曾一时被他缜密的思维和从容不迫的态度震慑住了，竟觉招架不住。

萧子升走后，李石曾迫不及待地找到蔡元培，说：“马上发一封聘书，萧子升这个人才我要定了。”

蔡元培本就很赏识萧子升，在这个问题上几乎和李石曾不谋而合。

不久，华法教育会秘书萧子升走马上任了。

回到香山别墅，毛、蔡、萧、章四人切入正题聊到湖南青年赴法勤工俭学的事情。

“湖南青年我向来是很器重的，在座四子皆海内人才，赴法在我这里没一点问题。只是，你们有没有具体实施方案？我还要与其他的主事者商议定夺。”李石曾望着四位青年。

听了李石曾的话，四位青年喜上眉梢。“李先生放心，我们回去这就做方案。”几个青年畅快地许诺了这件事。

聊着聊着不觉中午了。李石曾命管家将一桌丰盛的菜肴端了出来。自己称只吃素不吃荤，做殷勤陪客状。

从西山回去后，众人共推毛泽东执笔写了一个勤工俭学具体实施方案。萧子升修改之后送到李石曾手里。李石曾同意按此计划动员湖南和全国的青年参加勤工俭学运动。就这样，留法勤工俭学的事情算是有了进展。

湖南赴法勤工俭学生分配在三个预备学校学习法文与做工的基本技能。

萧子升、萧三、陈绍休、熊光楚、邹彝鼎、罗学瓒在北京法文专修馆。李维汉、李富春、张昆弟、曾以鲁、贺果等在保定育德中学留法高等工艺预备班学习。蔡和森、唐铎、颜昌颐等30余人在蠡县布里村留法预备初级班学习。蔡和森担任布里班的班主任和国文老师。

蔡和森在布里

早在六月初，蔡和森进京后就已经在筹措旅费。他一面写信给毛泽东、萧子升让他们联系更多湖南青年响应赴法留学的号召，一面找北京的高官士绅磋商，筹措湖南学生的留法经费。

他自己呢，实在是太穷了。从家里出发时，母亲葛健豪变卖了首饰，他又从萧子升那里借了四块大洋才凑齐进京盘缠。

穷则思变，更何况蔡和森还有一个那么宏大的留学梦。终于，10月6日，他得到了第一份职业：在布里留法工艺学校教授国文，每月二十块大洋，这已经是李石曾给这位湖南青年的特殊优待了。到布里留学预备班学习，是很多赴法留学的学子必经的过程，只有学习了初级法语才能在异国他乡生存。

10月10日，蔡和森在保定告别了毛泽东、萧子升，带着湖南预备赴法勤工俭学的初级班学员，分水路、陆路，分别乘坐六舱小船和蓝篷马车，踏上了去布里村的路途。

布里村是个普通的北方村庄，留法工艺学校位于村子西南面。学校开了两个班，课程有法文、国文、物理、化学。还设有简易工厂，学生们可以学习锻工、钳工等技能。学校实行半工半读，所有这些都是为赴法勤工俭学做准备。

蔡和森在这里既是学生又是先生，同时还是学工活动的组织者。他总是穿着一件粗布衣服，吃着吃不习惯的北方菜。他总是不苟言笑，表情庄重而严肃。如果蔡和森脸上露出了笑容，那说明他是真的很高兴。所有这些都不影响学校的老师和学生对这个南方青年的喜爱。

那时候，蔡和森很崇拜墨子，在他早期的作品和与同学朋友的谈话中，他不提孔子，只夸墨子。蔡和森自幼家贫，给人放过牛，当过杂货店的学徒，挨过老板的骂，深切明白劳动人民的辛苦。墨子的兼爱、众生平等、无贫贱尊卑之分的思想与他内心所想不谋而合。等到十月革命发生之后，蔡和森将列宁与墨子相提并论，他逐步由尊崇墨子转向尊崇列宁。他认为：列宁在苏俄的所作所为与墨子的理想相似，但列宁的思想比墨子的学说更彻底、更深刻、更伟大。

在布里的这些日子，蔡和森常常热情歌颂俄国十月革命。据当时的同学唐灵运（唐铎）回忆："我就是在布里村从和森同志口中第一次听到'十月革命'这个名词的，同时也从他口中知道了列宁是俄国革命的领袖，人们所说的'过激党'，就是革命志士们组成的革命党。可以说，和森同志真是我们的马克思主义启蒙教师。"

从这个意义上来讲，毛泽东对列宁及俄国十月革命的认识，较蔡和森更晚一点。毛泽东刚到北京的时候，带的书还是《资治通鉴》。直到在北京大学图书馆工作，认识了李大钊，他才接触了一些介绍俄国十月革命的文章。

布里的冬天寒风刺骨，蔡和森本就身体底子薄弱，哮喘病时常发作。在布里的这些日子，他时常练"八段锦"。他在空地上挖一些和脚一般宽的小土坑，站在里面直着腿往上跳，跳的次数多了，身体就热了。要是还不行，他就干脆在雪地上做体操，或是踢足球。只要有益于身心的体育活动，他都愿意尝试。就是这样坚持锻炼，蔡和森挨过了布里的恶劣气候。

其他会员除毛泽东在北大图书馆，罗章龙在北大学习外，其他则分别在北京、保定的留法预备班学习。萧子升、萧子暲、陈绍休、熊光楚、邹彝鼎、罗学瓒在北京班；张昆弟、李维汉、曾以鲁、李富春、贺果、任理等同在保定育德中学留法预备班。在保定的同学一面学习法语，一面学习机械学、机械制图。每人学一种工艺（钳工、木工、铸工等）。李维汉在保定留法预备班只学习了半年。1919 年年初，邹彝鼎病重，李维汉和张昆弟护送他回湖南。不久，邹彝鼎就病故了。邹彝鼎也是学会发起人之一，曾和毛泽东一起起草新民学会章程，他和后来留法，于 1921 年病故的陈绍休都是极好的同学。他们的夭折对新民学会来说是一件很不幸的事情。

在北京的毛泽东和蔡和森则继续为赴法勤工俭学的事情奔走呼号。时而接待从湖南来的青年学生，安置他们的住宿，安排他们去留法预备班；时而为他们筹款，准备赴法。

1919 年旧历除夕，蔡和森离开布里村，冒着漫天大雪，来到北京与毛泽东会合，再次筹划勤工俭学的事情。此时，他也搬到了三眼井，与新民学会的同志们同住在这个旧式四合院。

东拼西凑的川资

赴法勤工俭学每人需要几百块钱的旅费，这对很多穷青年诸如蔡和森、毛泽东等，无疑是一个偌大的压力。

为了帮助赴法勤工俭学的湖南青年筹措旅费，毛泽东和蔡和森打听到在清朝末期铁路风潮中，湖南省为商办粤汉铁路曾集资 200 万元，另有粮、盐税超额余款 128 万元，长沙房捐 4 万元存放北京银行，由湖南旅京人士熊希龄、范源濂把持。在杨昌济的帮助下，毛泽东、蔡和森找到了他们二人。在毛泽东和蔡和森动之以情晓之以理的动员下，熊希龄、范源濂将手中一笔前清户部应退还湖南粮、盐两税超额余款的利息 16000 元提了出来，作为资助湖湘学子勤工俭学的经费。

毛蔡二人又与蔡元培和李石曾反复交涉，获取他们的同情和支持，由华法教育会提供 5000 元，解决了部分在北京、保定、蠡县学习的留法勤工俭学生的生活费。

此时，毛蔡二人还想起了一个人，那就是章士钊。杨昌济临终前还曾写信给他，他是老同盟会会员、辛亥革命的元勋。毛蔡二人写信与他，请他伸出援助之手协助筹款，章士钊毫不犹豫地允诺。等到毛泽东到达上海的时候，他兑现了诺言，也算是兑现了杨昌济的临终遗言。章士钊发动社会各界名流捐款，筹得两万元银圆。一部分用于资助留法勤工俭学，一部分用于资助毛泽东回湘发展湖南自治运动。新中国成立后，毛泽东还对此事念念不忘。从 1963 年起，每年春节初二，毛泽东必定派秘书从自己的稿费中送 2000 元给章士钊，以回报他当年的支持。章士钊以款项皆募捐而来，拒绝收纳。毛泽东告诉章士钊的女儿章含之：“这个钱是你们那位老人家的补助。”一直到 1972 年送满累计 2 万元，又从 1973 年开始还“利息”，直到章士钊去世。

有些人是得到政府拨款支持才得以赴法留学的。比如，长沙县知事姜济寰主持县政府决定：本县赴法勤工俭学生每人资助银圆200元。李富春就是得了这份资助才得以顺利出国。

有些是得了私人出钱资助。比如，李维汉就是得到了第一师范教员朱炎帮助银圆100元，才得以顺利赴法。

因旅费不足，葛健豪动过不去法国的心思。“我年纪大了，去了恐怕回不来了。”做决定之前，葛健豪忧心忡忡地对蔡和森说。

蔡和森听了，哈哈大笑，说：“母亲，您想想，一个中国老太太不远万里去外国求学，寻求救国的真理，这是别人做不到的，是值得人们尊敬的。您老人家身体还好，不要顾虑；即便是有个什么意外，真的回不来了，那也是有意义的。黄土处处好埋人嘛，将来法国人，还有从祖国来的人，都会在您坟上去凭吊，纪念您这个爱国进步的老妈妈的。”

葛健豪听了，也爽朗地笑了，心中豁然不少，于是下定决心与他们一道走。然而她也深知经费不足是个大难题，临行之前，葛健豪千方百计地筹措经费。她以她的名义，由蔡和森代笔，写信给亲友——上海纱厂资本家聂云台（衡山人）借款。聂云台慷慨解囊，捐款银圆3000元，作为蔡和森全家赴法的路费。她又督促大女儿将女婿的遗产变卖一部分，当时刘家人出来阻挠，还闹到了法院打了一场官司，好在官司获胜，得400银圆。她还向长沙衡粹学校校长借支银圆200元，这才筹足了全家赴法勤工俭学的经费。

就这样，东拼西凑，四处筹款，终于得到一些赴法的资费。川资总归还是有限的，确定可以公费赴法的青年最终只有25人。得到了这批公费，湖南许多贫困学生，如蔡和森、罗学瓒、李维汉、陈赞周、萧三等才得以留学。

公费名单公布之后，毛泽东也名列其中。可是这个为赴法勤工俭学四处奔走的先锋最终选择了放弃这次去法国的留学机会。毛泽东是从何时起打消了去法国的念头的？也许是1919年春接到母亲已经病入膏肓的消息的时候，也许更早。无论如何，这个最初组织者，最先播种者，最终没有分享这丰硕甜美的果实。

“你们去国外求学探求真理，我留下来扎根！”他对同学如是讲。

“中国的社会革命不能等你们学成归来后再来搞呀！”他对新民学会的会友讲。

“虽然我协助组织了这个运动，而且新民学会也支持这个运动，但我并不想去欧洲。我觉得我对我自己的国家了解得还不够，把我的时间花在中国会更有益处。那些决定去法国的学生当时跟李石曾学习法文，我没有这么做。我另有计划。”在后来回忆新民学会的时候，毛泽东如是袒露心声。

通过这次组织留法勤工俭学运动，毛泽东得以展现出卓越的组织能力和实践能力，让中国乃至世界为这个青年打开了大门，助推他一步步走向时代巅峰。

上海码头的送别

毛泽东三次赴上海送别新民学会赴法会友，准备将工作做到尽善尽美。

1919 年 3 月 14 日，毛泽东到达上海。第一次来到这座城市，他一待就是 20 天。在这 20 天里，他送走了第一、二批赴法勤工俭学的会友。17 日，第一批留法勤工俭学生 89 人乘蟠丸号出国。据 15 日《申报》报道，这 89 人中有 43 人是湖南籍。31 号，第二批会友乘贺茂丸号从上海码头驶出。当时，毛泽东、萧三、华法教育会会计吴玉章、环球中国学生会会长朱少屏都到了码头相送。那时，阳光明媚，春意盎然，毛泽东一行人带着憧憬和希望，目送轮船消失在大海之中。

第二次到达上海是在 1919 年年底。这次，他是来送别好友蔡和森一家的。当时，他被推为“驱张”请愿团团长，正要奔赴北京。恰逢蔡和森一家即将离开故土，于是他就转道上海。他穿着褪了色的长袍，蓄着边分头，风尘仆仆来到环球中国学生会的招待所（原静安寺路 51 号），见了即将赴法的蔡和森、向警予等人。一见面就直奔主题讨论问题，这是新民学会会友一贯的作风。他们讨论的问题无非是当时摆在眼面前的“驱张”运动和留法勤工俭学。讨论中也不免提及女性问题，向警予对女子自立、妇女解放发表了慷慨激昂的意见。毛泽东对其慷慨陈词记忆犹新，在 1920 年 11 月 25 日致向警予的信中，还回顾了这件事情。并且，对向警予提出了很大的希望，希望她“能引大批女同志外出，多引一人，即多救一人”。因湘事紧张，不能久待，毛泽东最终没有亲临码头送行。匆匆一见，匆匆一别，他就马不停蹄奔向了北京。

第三次到上海，毛泽东一为送别萧三、熊光楚、陈绍休、欧阳玉生等人，二则为如何改造湖南的问题，向旅沪湘人讨意见。他于1920年4月11日从北京出发，5月5日才抵达上海，沿途游览了天津、济南、泰山、曲阜、徐州、南京等处，旅程较为波折。

后来，毛泽东详细地回忆了这次去上海的戏剧性的情节：

> 当时我只有到天津的车票，不知道往后的车票钱从哪儿来解决。诚如中国俗话说："天无绝人之路。"很幸运，一位同学从北京孔德学校弄到了一些钱，借给我10元，又能买到一张到南京对岸浦口的车票。在前往南京途中，在山东曲阜下车，去看了孔子的墓，也看了孔子的弟子濯足的那条小溪，还看了孔圣人幼年时住过的小镇。在孔庙的附近，有一棵古树，相传是孔子亲手种植的，我也好奇地去观察了。我还在孔子的名弟子颜回住过的河边停留了一下，并且看了孟子的出生地。在这次旅途中，登了泰山，考察了冯玉祥隐居的地方，欣赏了冯玉祥撰写的爱国对联。《三国》时著名的徐州城墙，历史上享有盛名的南京城墙，我都绕行了一次。
>
> 到达浦口时，又是身无半文，没有车票钱。屋漏又逢连夜雨，一双仅有的布鞋也被小偷偷走了。我正在急得团团转时，又是天无绝人之路，在南京火车站外，遇到了一位"救命菩萨"，在湖南第一师范的同学李声澥。李主动给我一笔钱，足够能买一双鞋，一张去上海的车票。

这番一波三折的经历，倒是毛泽东当时经济状况的真实写照。即便如此，他也没有停下探索的脚步。此次到沪，毛泽东住在哈同路民厚南里29号，同住的有张文亮、李思安、周敦祥等四个新民学会会员。

他们一起组织了自修学社，在中国先试验了一把半工半读。毛泽东和彭璜又组织了工读互助团，经营洗衣、刻印、抄写等业务。毛泽东亲自接送衣服，挣的劳务钱几乎全花在接送衣服的电车费上。白天，他们为生活操劳奔忙；晚上，他们各自学习，阅读图书报刊，了解世界动态，组织集体讨论。毛泽东还挤出时间自学英语。

李思安回忆那段经历：

在那里，我们住了两个多月，生活很艰苦，每人每月只有三元多钱生活费，大家轮流做饭。蚕豆上市，我们就买蚕豆，掺和一些米煮着吃。大家还是怡然自得，甘之若饴。

也是这段在上海的时期，毛泽东到环龙路44号医院探望了孙中山，希望他对湖南人民的革命斗争予以支持和指导。毛泽东认识孙中山，就是从这时候开始的。

5月9日，毛泽东和在沪的会友到码头欢送了萧三、陈赞周等人赴法。不料好友陈赞周一去不返，那日一别竟是永别。1921年，他病逝于法国。

我也曾在上海待过一小段时间，在我的印象中，上海是摩登的，是潮流的前沿。不唯现在，就算是100年前的中国，上海同样是通往时代潮流的港口。一批批先进青年从这里出发，走向西方的先进文明。1919年至1921年，仅湖南赴法勤工俭学的学生就有十八批从这里出发。经驶骇浪汹涌的大海，到达灯红酒绿的异乡。经过一番炼狱般的学习，又将西方的思想经由上海这样的港口，输送回国。

毛泽东这三次去上海，都是为送别会友而去，也为湖南的进步运动而去。他后来回忆赴法勤工俭学运动时如是说：

我协助组织了这个运动，在一批批出国的人里面有许多湖南师范学校的学生，其中大多数后来成了著名的激进分子。徐特立也是受这个运动的影响，他放弃了湖南师范学校的教席到法国去。这时，他已经40多岁了。

徐特立其人，以高龄留学，在当时确实引起了轰动。

扶拐杖的勤工俭学生

“请打开你的护照。”在法国马赛的一个港口，华法教育会的向季坚逮住一个眼角布满皱纹的老学生，一副怀疑的模样。

老学生不慌不忙地打开护照，向季坚定睛一看：徐特立，地地道道的勤工俭学生。这位老学生是这批留学生中年龄最大的。周围的人无不怀着敬意，称赞徐特立为“拄着拐杖的老学生，精神可嘉”。

这时徐特立已是长沙著名的中小学校长。在教育行业的24年时间里，他先后创办了长沙师范、五美高等小学等四所学校。当时，人们在惊讶的同时，更多的是疑惑不解：一位教学经验丰富的老校长，为什么还要不远万里、背井离乡地来法国勤工俭学？

究其原因，离不开当时为祸湖南的张敬尧。张敬尧的到来打乱了这位老校长的教育梦想。当时，他正担任湖南省孤儿院院长、长沙师范校长、湖南第一师范教师。当张敬尧的清乡队肆意扰乱民众生活时，徐特立勇敢地站出来斥责。为此，张敬尧给他安上了一个“通匪”的罪名，下令缉捕，闹得他不得安居。怀着教育救国的梦想，徐特立被迫出国勤工俭学。

除了被迫离乡背井这个原因之外，其实徐特立还有另外一个自主的发自内心的选择。为了解开大家心中的疑惑，应华法教育会秘书萧子升的请求，徐特立撰写了一篇《留法老学生之自述》作了回答，他说：

> 我今年43岁，不觉得就是四十四五，一混60岁来了。到60岁，还同43岁时一样无学问，这17年，岂不冤枉过了日子？这17年做的事情，岂不全无进步了？何不就从今日学起呢？我想今年学起，到50岁时，岂不是一个懂得法语的人吗？若一天学2字，到四十六岁半，就可以读通法文了。我纵然愚蠢，断没有一天学一字，学两字也不能的，所以我决定来求学，不怕法语难学，也不怕学校规则太严。

可以说这种活到老学到老的精神其实是徐特立由内而外的突破，在当时赴法的中国青年中产生了巨大的影响，也把湖南留法勤工俭学运动推向了高潮。

萧子升问徐特立：“你想学什么?”

徐特立答：“我要学农业，暂且进工厂做工，有得闲的日子，还要学法国的家事学，好回去自己谋生活。单学法文回国当法文教员，还同从前一样靠口舌赚钱，何必几万里到法国呢？……我今天又想起从前所赚的钱，真是冤枉。天天讲空文章，耽搁青年光阴，使一些学生都学先生讲空文章，赚大钱。听得做工的劳苦，又没有讲空文章的赚得多，大家都不愿做工，使国家工业不发达，都是我们当教员讲空文章的罪过。”

从年龄方面看，徐特立不是青年；但从思想上来看，他却是朝气蓬勃，焕发着青春的活力。这种不服老、敢挑战、活到老学到老的精神具有永不过时的意义。

也有人劝徐特立：不要同青年一起住在学校学法文，何必给自己找不自由。

徐特立说：“我到法国来，原要学法国学校的规则，好回国用。不住在学校受先生管束，未必学得好；人家对我有尊敬的意思，并且我年龄太大，不好的习惯，大家都不肯当面说。住在学校中，或许可以慢慢学好。”

徐特立虽然由老师变成了学生，他的同学中还有 14 岁的翩翩少年，但他的心情还是很愉快的。他的开心源于什么？我觉得是内心的豁达以及学无止境的态度。当一个人计较鸡毛蒜皮的小事时，令他开心的事情无非是什么时候又贪了个小便宜。当一个人求知若渴时，能够学到新知识可以让他开心得像个孩子。有些人虽然年纪轻轻，可是他的思想已经朽了；有些人虽然身体在衰老，可是他的思想却永葆青春。

毫无疑问，徐特立是一个思想里住着一个青年的不那么年轻的人，如果是这样，我更愿意承认他也是青年的一员。他曾对持怀疑态度的人潇洒地回击：“就算我年老，也是一个进化的老人。五年十年后，我也是一个有学问的新人物。到死的时候，学问还没有老朽，还同有学问的少年讲得来，那时候的畅快，都要从今日耐烦耐苦做起。”

在这些留法勤工俭学的湖南人中，年龄最小的熊信吾 14 岁，年龄最大的葛健豪 54 岁，志趣之远大，实属罕见。

女子半边天亮起来了

接到哥哥蔡和森的信时，五四运动已经爆发了。像所有爱国青年一样，蔡畅也擎着一腔反帝爱国热情，希望有所抱负。

蔡和森的信给热血沸腾的毛妹子蔡畅带来了一个振奋人心的消息：已经办妥女子留法勤工俭学的手续，要蔡畅出面，邀上向警予，带头发起湖南女子留法勤工俭学运动。

这年五月，提前赴法的萧子升给蔡和森来信说：通过华法教育会同巴黎豆腐公司交涉，答应收女工十人。信中还说，女学生如果会绣花，在法国是很容易找到做工的地方的。夏天，蔡和森回到长沙，发起“湘绣艺术公司”，组织女生学习绣花，为赴法做准备。但由于条件苛刻，公司一时不易成立，蔡和森又要再一次去北京交涉赴法的事情，只好作罢。这次蔡和森来信确定女子能够赴法，对蔡畅来说真是一个好消息。

几年前，蔡畅跟着母亲葛健豪逃婚来到长沙的时候，她还是个初出茅庐的毛妹子。父亲蔡蓉峰为了几十块大洋将她许配给了比她大一半还不止的周财主，母亲葛健豪据理力争，毛妹子自己也誓死不从。最后，她们离开了那个封建家庭，一起出走长沙，投奔哥哥蔡和森。

那天，毛妹子穿着母亲做的黑布鞋，脚步轻盈地走在长沙的大街上，街上时不时见到穿着长衫，腋下夹着书袋的青年学生。毛妹子想，她也要去上学学本领。

哥哥蔡和森建议她考周南女校，说这是一所“着眼妇女解放，培养女界之人才，以振兴中华”的好学校。

毛妹子相信哥哥的判断，是日，蔡和森、葛健豪陪着毛妹子来到学校报名处。周南女子学校坐落在长沙城北泰安里，校园内绿树成荫，校舍掩盖在树木中。女学生三三两两，或在桥廊低语漫步，或在凉亭吟诗诵文。

校长朱剑凡，曾留学日本，深受孙中山的影响，认定“革命以启迪民智为前提，以解放妇女为先导”。他不顾清廷禁令，毅然献出了自己的家资及园林宅第，创办“周氏女塾”，后改名为“湖南私立周南女子师范学校”，即周南中学。

毛妹子到周南报考，遇见校长朱剑凡，朱剑凡问她：“小姑娘，你说说，你为什么要报考我们学校?”

毛妹子还不知道这就是校长，只是见他气度不凡，便恭敬地说：“周南女校朱校长毁家兴学，创办女校，倡导妇女解放，男女平等，我太喜欢这样的学校了。谁说女子不如男，我就想做秋瑾那样有抱负的女子。”

“小女子有奇志，快填表吧。”朱剑凡清袖一挥。

毛妹子拿起笔，龙飞凤舞地在表上签上了自己的大名。朱剑凡接过表一看，微笑着连连点头：“认识一下，我叫朱剑凡。”

毛妹子大惊，原来这就是那位大名鼎鼎的朱校长。

后又得知蔡畅逃婚而来，活生生的女子解放教材，朱剑凡便更加赏识这个小女子，当即表态免了她的学费。于是，蔡畅成了周南有名的免费生。

在周南的几年，蔡畅又认识了向警予、陶斯咏、周敦祥、劳君展等进步学生。她们是本科生，年龄比蔡畅大几岁，但是并无傲气，像对待小妹妹一样对待她。特别是向警予。这次哥哥蔡和森的信里重点提到了要她写信给警予，邀警予一起赴法。蔡畅心里高兴，便没有停留，就给向警予去了信，邀她来长沙，一起筹备女子留法勤工俭学诸事。

向警予接到蔡畅来信时正在自己兴办的溆浦女校躬耕教育。溆浦女校，算得上是这个中国妇女运动先驱最早的社会实践。

向警予创办女校源于儿时的经历。她的父亲是个有着新思想的开明老板，在子女教育上，他向来主张男女平等。当时，他就让向警予去学校读书，四个学生中只有她一个女生。这样的男女同校竟在当时被人认为是伤风败俗而告到了县衙门。结果，向警予没读上几天书，学校就办不下去了。后来，倔强的向警予硬是考上了湖南第一女子师范学校和周南女校。毕业后，她怀着少年中华之希望，回到闭塞的湘西办学。她要让闭塞落后山区的女孩子摆脱愚昧落后。没有人来上课，她就亲自去劝学。她说哪怕是只劝到一个女同学，那她回去又能影响一大片。

正是怀着这样一颗赤诚之心，她把溆浦女校办下来了。到了 1919 年接到蔡畅信的时候，溆浦女校已经在当地有了很大的影响力。

向警予其人，集才华与美貌于一身，洁白的皮肤不需要粉饰也能尽显女子的风韵。她极富演说才能和思辨能力，性格诚恳温柔，是很多男子梦寐以求的伴侣。

1918年年底，驻溆浦的湘西镇守副使兼第五区司令、南方桂系军阀周则范曾对向警予展开热烈的追求，派人到向家说媒，要娶向警予。他向向警予求婚，是想找她这样的新女性来装饰自己的门面的。向家，特别是向警予的继母也倾向于同意这门亲事。

向警予对这位周则范毫无爱情可言，她是万万不会同意这门婚事的。封建势力的牺牲品，向警予是决然不会做的。

一天，向警予亲自来到周家，对周则范说："本女子以身许国，终身不婚。"

以身许国，表明了向警予的远大志向；终身不婚，表明了她对周则范委婉而坚决的拒绝。

向警予的坚定和果敢为她赢得了婚姻的自主权，这场闹剧自然是以她全胜收场。

拒绝周则范的求婚后，有一次她跟许友莲到溆水河边散步，映着落日余晖边走边谈，向警予对女友说："蔡和森和毛泽东是我的挚友，我的思想是倾向他们的。"

不久，当她接到蔡畅的信，说是蔡和森邀她一起去法国时，她喜出望外。她决定离开自己投入了诸多心血的溆浦女校，收拾行囊去长沙，为理想而彻底赌一把。

溆水河畔，码头上挤满了给她送行的人。其中，包括千里迢迢来支持她办女校的昔日同窗任培道。任培道在中南女子学校时与向警予、陶斯咏是关系紧密的姐妹。后来，经向警予和蔡和森介绍，她入了新民学会，这是后话。

向警予望着任培道，想起了任培道为了支持她办学，只身来溆浦教书的情景，突然觉得有些对不住这位好姐妹。任培道早就有想要出国学习的想法，只是一没钱，二没机会。现在，她把希望寄托在好姐妹向警予身上。

向警予从身上掏出一个腰圆形的墨盒，背景是一枝傲霜斗雪的梅花，上面刻着："振予姊惠存，予妹赠"八个字。她拉过任培道的手，将墨盒交给她，也将溆浦女校的未来交给了她。交代了几句请她悉心关注女校学生的成长之类的话，便踏上了往长沙的征程。

经过几天的水上漂泊，向警予回到了心心念念的长沙。那是1919年8月间，当向警予乘船到达长沙码头时，蔡畅已经在岸边观望了。

“警予姐——”蔡畅眼尖，一眼就看到了向警予。

“蔡畅!”向警予手里正拎着一个箱子，看见蔡畅很惊喜，快速上岸。

蔡畅拉着向警予就往家里走，边走边叙旧。来到蔡家，葛健豪已经准备了一桌饭菜，简单而精致。她端来一碗荷包蛋，招呼向警予趁热吃了。葛健豪温柔地望着眼前这个女孩子，女孩的个性颇似她的个性，不由心生许多喜爱。

向警予到长沙后不久就跟蔡畅一起发起了湖南女子留法勤工俭学运动。10月，她们以周南女校为试点，成立了周南女子留法勤工俭学会。女子勤工俭学会戒律森严，要求会员摒弃“懒惰之习惯，奢侈之装饰，邪辟之行为”。严格的会章恰恰是为女子赴法所要面临的种种困境提前打好预防针。

周南女校的试点是成功的。12月2日，向警予和蔡畅、陶毅、劳君展等人又发起了湖南女子留法勤工俭学会，声明该会之信条为工读神圣，以赴法勤工俭学，将来回国振兴实业教育为宗旨。提出“妇女解放”“劳工神圣”“工读神圣”等口号。

她们还努力呼吁当局对女子出国勤工俭学给予支持，解决女子出国旅费困难等问题。从8月到10月，在湖南省省长的批示下，湘阴、浏阳、长沙、湘乡四县的知县给六名即将赴法的女生发放了川资或补助津贴。

与此同时，周南女校与新民学会联系密切，向警予、陶斯咏这时正式加入新民学会，成为早期的女会员。在她们的影响下，11月，魏璧、周敦祥、劳君展也相继加入新民学会。女性半边天的加入给新民学会添加了新的活力，新民学会也成了湖南女性解放的强大后盾与支撑。

1919年年底，向警予、蔡畅由长沙赴上海，又由上海远赴法国。到达上海的向警予还不忘为思想解放而呼吁，在1919年12月20日写给陶斯咏的信中写道：

> 毅姐啊，我们的思想是彻底的，将来根本改造大任，我们应当担任的。作大事业，须大准备。我们这时候就要准备起。在各项准备中，最重要的是散布种子，凡重要的机关、地点，都应该有我们的同志。

这时候，她的书信中充满了女子解放从教育抓起的观点。同时，在这封信中，她还希望陶斯咏多动员学生联合起来，打破男女界限，实行男女同校；动员大批女生赴法勤工俭学，造就能够承担改造社会的人才。

1920年年初，劳君展又成立了湖南女子留法预备团，志在学习美术，改良绣花。周南、稻田、涵德、崇实等女校学生及新民学会、旭日学会的女会员纷纷报名前往。3月17日，湖南女子留法预备团从长沙启程，经上海赴法。

至1920年年底，湖南在法勤工俭学的女学生有40名，其中包括了向警予、蔡畅、熊季光、熊叔彬、劳君展、魏璧等新民学会女会员。

扬帆远航到巴黎

“须知今后的世界，变成劳工的世界。我们应该用此潮流为使一切人人变成工人的机会……我们中国人贪惰性成，不是强盗，便是乞丐，总是希图自己不作工，抢别人的饭吃，讨人家的饭吃。到了世界成一大工厂，有工大家作，有饭大家吃的时候，如何能有我们这样贪惰的民族立足之地呢？照此说来，我们要想在世界上当一个庶民，应该在世界上当一个工人。诸位呀！快去作工呵！”

——李大钊《庶民的胜利》

1919年12月25日，上海杨树浦码头人头攒动，载着“劳工神圣”的时代大潮，载着远渡重洋寻觅先进文明的希冀，“盎脱莱蓬”（音译）号邮轮将从这里起航赴法。

与以往不同的是，这一次，船上有六名赴法勤工俭学的女子，她们是蔡畅、向警予、葛健豪、李志新、熊季光、肖淑良。特别是54岁的葛健豪出国，引起了社会各界的轰动。

1919年年底，蔡畅、向警予、葛健豪离开长沙来到了上海，蔡和森也离开北京奔赴上海。他们一家人决定一起赴法勤工俭学。为了这一天的到来，他们已经准备了很久。

这一天，送行的人有留法俭学会沈仲俊、全国各界联合会刘清扬、寰球中国学生会的代表吴敏吾，以及与葛健豪有亲戚关系并给予资助的上海恒丰纱厂经理聂云台等，欢送场面很壮观。

送行的人中为何独独没有毛泽东？原来，早些天，毛泽东已经从湖南经上海与他们告了别。湖南“驱张”运动迫在眉睫，不容耽搁，所以未待蔡和森一家启程，毛泽东就动身去了北京。

“盎脱莱蓬”号启程了，载着学子们的憧憬与希冀，驶向了浩瀚的大海，驶向了大洋彼岸西欧。船上的日子远不是想象中的罗曼蒂克，没有钱的结果是，男士们只能坐在轮船底层的四等舱，条件极差。女士们坐的是三等舱，算是很优越了。起航伊始，几位女生和葛健豪老人的苦日子就来了。她们晕船晕得厉害，开头几天几乎滴水难进，娇小的熊季光每天只能含着几片水果度日。

“我们不能这样下去了。”向警予说，“咱们上船之前，我在上海专门拜访过孙文先生，他说女子留洋勤工俭学‘诚乃我国革命之首创精神也’，值得大大嘉许。我们不能被这点小困难打倒，我们必须要振作起来！”

“警予姐，你说怎么做？我听你的。”蔡畅首先响应向警予的号召。

“我们来做操吧，来个运动疗法。”说罢，向警予摆开了做操的阵势，“运动乐，运动乐，不怕天寒与地冻，各把精神来振作……”她边唱边做。

蔡畅也跟着跳起来，还拉着母亲葛健豪一起来跳。向警予也拉着葛健豪跳了起来，葛健豪一双小脚被她俩扭得站立不稳。

这样过了几天，不知不觉中晕船的迹象好了些。女生们以及老太太葛健豪有时候会到外面透透气，常常能看到蔡和森。他们一起谈论到法国之后的设想，探讨中国的前途和命运，以及对国内毛泽东等好友寄托的无限希望……日子也就一天天地过去了。

李维汉、张昆弟、李富春也是1919年赴法勤工俭学的，只是他们坐的是10月31日的“宝勒加”号法国邮船，比“盎脱莱蓬”号早了些日子。

据李维汉回忆当时在船上的情景：

> 四等舱的臭虫多得吓人，扰得人夜夜不得安宁。有些人只好把袜子套在手上，把裤脚扎紧，用毛巾把脸和脖子包住，只露出鼻子和眼睛，以求睡个安稳觉。

李维汉坐的也是四等舱的船舱，跟蔡和森虽说坐的轮船不一样，但底层舱的环境是相差无几的。穷学生们在海上的日子可以说是苦不堪言的，但这并没有削弱他们去异域他国求知的热情。

这些赴法勤工俭学生从上海出发，途径香港、海防、西贡、新加坡、科伦坡、吉布堤、苏伊士运河、塞得港等地，全程三万多华里，航行三四十天。他们的旅途条件极差，有的与轮船装载的货物同舱，有的甚至与沿途食用而装运的活牛为邻。旅途的劳累、风浪的冲击、饮食环境的恶劣，使得很多勤工俭学生病倒在途中。欧战初止，沿途还有未扫尽的水雷，轮船随时有触雷被炸的危险。这些勤工俭学生就是这样，一路历经煎熬与险阻，来到了法兰西。

初到法国的勤工俭学生，往往根据川资的多少，由李石曾分配到法国的各个中学先补习法文，钱最多的到巴黎、里昂等大城市，其次是到枫丹白露等小城市，再次是到麦南市，再次者是到蒙达尼（现在该地通用名称为“蒙达尔纪”，本文中沿用以前的名称“蒙达尼”）。囊中羞涩的学生暂时居住在华侨协社里，等候华法教育会为他们寻找工作。

留法学生大体上分为四种：一是官费生，二是自费生，三是俭学生，四是勤工俭学生。从 1919 年 3 月 17 日中国首批勤工俭学生赴法，至 1921 年 2 月 28 日最后一批抵达法国，中国前后共有 18 省的 1600 多名勤工俭学生，分 20 批赴法。其中四川 378 人，居第一；湖南有 346 名，约占四分之一，居第二位。全国留法女生 60 名，湖南占 40 名，居第一位。在新民学会 78 个会员中，留法勤工俭学生有 19 名。1919 年年初有萧子升，同年秋有罗学瓒、张昆弟、李维汉、曾星煌，1920 年春有蔡和森、向警予、蔡畅、熊季光，随后有萧三、陈赞周、熊昆甫、张百龄、刘望成、欧阳玉生、熊叔彬、劳君展、魏璧、贺果、刘清扬等，占会员总数的四分之一。他们大部分是俭学生，也有少数勤工俭学生。

一场艰苦卓绝的旅程从登上邮轮那一刻就正式拉开了帷幕。一种在未来的日子里引导重大变革的新思想也从登上邮轮那一刻起，悄然而至。

“盎脱莱蓬”号在海上漂泊了 35 天，于 1920 年 1 月 30 日到达法国马赛，2 月 2 日到达巴黎。头两天，因为葛健豪途中过于疲累，蔡和森的哮喘病又复发，熊季光等女生晕船又晕得厉害，他们只得在华法教育会休息，等待分配学习法文的学校。

初到巴黎，中国学生就遭遇了第一轮的不适应。李维汉和他一批同行的勤工俭学生着陆后，华法教育会将他们安置在一座军用的帐篷内。一个长四丈、宽一丈半的帐篷要住三十四个人，挤得透不过气来。他们无钱上旅馆，也没资格进食堂，只能自己凑钱买了一个煤炉子，自己做饭。吃点空心粉、马铃薯、面包之类的食品充饥。

种种材料表明，他们的勤工俭学这条路走得很艰难，可是为什么还是有那么多人前赴后继，明知困难也要想尽办法去走呢？

我想，在当时国外文明的吸引力就像现在科学技术对年轻人的吸引力一样，总会让人不顾一切地涌上去。那不是简单的赶潮流，而是一种探索，一种求知，一种开拓进取的态度。100 年前，蔡和森他们这些新民学会的先进青年不仅是向西方寻求自己的出路，也是寻求整个国家的出路。向目标行进的路上注定了布满荆棘，短短的一段海上航行就让人叫苦不迭，更别说人生地不熟的异域土地。可是既然选择了远方，便只顾风雨兼程，这是我从 100 年前这群中国青年身上看到的精神和态度。

初到法国的李立三作了一首诗歌，唱出了众多远渡重洋，去法兰西的土地上寻找革命真谛的广大有志青年的心声和决心：

我是一个断梗的浮萍，
随着那风波儿上下飘零。
也到过黄浦江头，
也到过潇湘水滨，
也到过幽燕，
也到过洞庭。
今天又吹我到西天来了，
呼吸那自由的空气，
瞻仰那自由的女神，
还要唱那自由之歌，
撞那自由之钟。
唤起可怜的同胞，
惊醒他们的酣梦，
鼓荡雄风，

振作精神，
造一个光明之新世界，
作一个幸福的新国民。

法国的文化也像是一片遥远的苍穹，充满吸引力，但也威胁四布。熊季光在给陶斯咏的信中很清楚地描述了自己当时的处境，大概，那也是绝大多数中国学生的心声。她写道：

到外国来，外国语言文字就像一把“锁”，很好的箱子被锁锁着，虽然知道里面有很多好东西，锁没有开，一点都看不见。在勉强开这把锁的时候，又很不容易开，你想苦不苦咧？

如何打开这把锁？如何拿到箱子里的好东西？唯有勤奋、勤奋、更勤奋。勤工俭学生们早起晚睡，抓住一切可以抓住的时间练发音、背单词、记法语、练书写、借助词典阅读法文书报。他们相互帮助，相互勉励，一起练习，很快，一些资质好一些的学生就能用基本的法文会话了。渐渐地，勤工俭学生们克服了种种困难，学习渐入佳境。1920 年 8 月，萧子升在给毛泽东的信中还兴奋地称赞：“诸位同志法文进步极快。”

猛看猛译蓄火种

蔡和森一家也是乘着这股时代浪潮而来，法兰西并没有给他们高规格的礼遇。蔡和森、蔡畅、向警予、葛健豪、李富春、陈绍休等被分配到有“法国威尼斯”之称，离巴黎几个小时车程的小城市——蒙达尼。他们先是在中学补习法文，没多久就因为川资的不足要去做工。

蔡和森被分配就读于蒙达尼男子公学，向警予、蔡畅、葛健豪、李志新、熊季光和肖淑良都被分配就读蒙达尼女子公学。两所中学相隔很近，蔡和森跟家人可以天天见面。

上学的第一天，50 多岁的葛健豪以及她的三寸金莲就被很多法国学生围观，他们对此惊诧不已。一时间，中国风情充斥于法国蒙达尼、枫丹白露等地。

初到法国的这批中国青年有着诸多不适应的地方。面对烤得焦干的面包和每顿必饮的冷水冲生红酒，这群中国学生怎么也咽不下去。实在熬不下去了，向警予提议：烧一大锅开水，把面包泡软了吃。这才解决了吃饭问题。生活虽艰苦，但留法学生们可以相互关照，也算是一种慰藉。

蔡和森一家抵达法国的时候正是大雪飘飞、滴水成冰的季节。在蒙达尼这样的偏僻小城市，校方直接连壁炉都免了。来自中国南方的青年大多没有经历过零下十度的严寒，囊中羞涩的他们去法国之前在上海订制的一身洋装，布料劣质，难以抵御欧洲的严寒。有的青年连个小背心都没有，冷风吹来，就像刀子挖到了骨头里。留学生们也顾不得斯文，纷纷把带上的能穿的衣服都穿上了，花花绿绿的，杂陈在法国的各个学校。

“这里的冬天真是比布里的冬天还寒冷些。”蔡和森走进母亲、妹妹、警予居住的小木屋。刚从外面走进来，身上还驼了一些雪，他抖了抖雪，搓了搓手。

向警予扬起脸：“做大事业需做大准备，这点冷怕什么！”

蔡和森冲着倔强的警予笑了笑。

一旁努力钻研法文的葛健豪似乎没空理会儿子说什么，看不懂的法文就像一把锁，锁没打开就像聋盲二症。向警予和蔡和森虽然学过一些法文，但还是感到非常困难。五十多岁的葛健豪，要新学习一门语言可是比年轻人困难多了。1920 年《大公报》上一篇《向外发展》的文章特别提到：“我最佩服的还有两位，一是徐特立，一是蔡君和森的母亲，都是四五十岁年纪的人，还跑到遥远的法国去做工，去受教育，真是难得哩！”

葛健豪拉了拉向警予的衣角：“警予，这个字怎么念呀？”向警予俯下身，清晰缓慢地念给葛健豪听，又跟她解释了一遍。她每天自己学完法文之后，还有个重要的任务，就是帮蔡母学习法文。

葛健豪完成了这天的学习任务，终于松了一口气。她站起来，拍了拍蔡和森衣服上的雪，半开玩笑式地笑道：“警予真是很耐心呢，比我亲生女儿还好。”

一旁的蔡畅不服气了：“妈妈，人家还没姓蔡呢，胳膊肘就往外拐了？”说完，她故意瞄了一眼哥哥和警予。只见两人不好意思地羞红了脸颊，一些别样的火花早就在某些时候种在了两颗年轻又炙热的青年心里。

虽然种种恶劣的条件等着青年学子们去克服，但是他们都没有在意这些。来到了法国，他们的注意力早就集中在学习上。

向警予则在给毛泽东和彭璜的信中写道：

我现在学习法文，除忙以外，别无可告。自出溆来，觉以前种种，皆是错误，皆是罪恶，此后驾飞艇以追之，犹恐不及；而精力有限，更不足以餍予之所欲，奈何？计惟努力求之耳！

刚到法国，蔡和森就开启了发狠钻研的学习模式。在北方的一年，蔡和森打下了一点法文基础，与此同时，一种新的思想悄然而至。事情要从他开始接触社会主义者李大钊、陈独秀说起。在李大钊的介绍下，蔡和森参加了少年中国会。马克思主义、俄式革命、列宁这些新词语走进了他的思想里并烙下了深刻的印记。

来到法国，离策源地更进了一步，蔡和森想一探究竟。可是，刚到法国的他虽然“不尽为瞎眼”，终究还是被这个新国度的“下马威”困住了手脚。最开始的那段时间，他说自己是“聋哑二症”。看不懂的语言就像是长了满身的疹子，虽然不足以致命，但总归让人难受极了。怎么办？他开始发狠了。“日惟手字典一册”“日看法文报一节”，病中也不中断。他知道，唯有这样的“霸蛮”才能在最短时间内学会法文。

这时候的蔡和森近距离接触到了原版的《共产党宣言》《社会主义从空想到科学的发展》等著作以及俄国十月革命及各国工人运动的资料。他非常兴奋，越研究越痴迷。进入蒙达尼中学时，他做了一个计划：“在法大约顿五年，开首一年不活动，专把法文弄清，把各国社会党，各国工团以及国际共产党，尽先弄个明白。”经过刻苦钻研，三个月后他看报渐有门径，各国社会运动消息皆能了解一二。半年后，他“思想门路大开，以世界大势律中国，对于改造计划略具规模”。

那段时间，他囚首垢面，每日只顾着争分夺秒地“卤猛看报”“猛看猛译”。他迫不及待地想把这些著作翻译成中国文字，有朝一日，传递给身边以及国内正在寻求中国发展出路的先进青年们。他自己的思想，也在这段时间发生着翻天覆地的变化。半年多的时间里，蔡和森写了两封至关重要的信给毛泽东，写了一封《马克思学说与中国无产阶级》的信给陈独秀。

在这些信中，他全面介绍了欧洲的社会主义运动，系统阐述了关于创建共产党的理论。蔡和森还收集了马列主义和传播十月革命的重要小册子约百种，准备编译一部传播革命运动的丛书。

向警予也很快学会了法语，在蔡和森的影响下，她在短期内读完了法文版《共产党宣言》《家庭、私有制和国家的起源》等著作。1920 年 5 月 26 日，她还撰写了《女子解放与改造的商榷》，这是她开始运用马克思主义研究妇女问题的著作，其中将妇女问题与社会改造紧密结合，将之视为社会改造中的一个根本问题，这是个破天荒的论点。

不久，向警予就写信给任培道和陶斯咏：

> 希望同志多来些，俭学极好，愿意来勤工俭学也极好，无论如何，耳目接触，总比在国内要好一点。

她还在信中嘱咐，要任培道带蔡和森的姐姐蔡庆熙过来，把刘千昂也带上。最终，因为经济困难等诸多原因，任培道未能成行。

而在塞纳河畔，这群已经抵达异域他乡的中国青年选择了坦然面对一切的风高浪急。他们明白，这是一场卓绝的考验，这是一次思想的洗礼。唯有将意志锻造如钢，才有力气向着真理的方向钻研。

第三章　青年怒了

对中国青年而言，1919 年是个特殊的年份。当时的中国内患丛生，外敌兹扰。屋漏偏又逢夜雨，腐败的复辟政权又想向帝国主义献媚，将中国推向更黑暗的深渊。中国人怎么会肯？国家危亡之际，青年更是怒不可遏。他们高举爱国主义的旗帜，直指一切反动势力，斗争一触即发。

湘事去冬在沪，姊曾慷慨论之。一年以内，弟与荫柏等也曾间接为力，但无大效者，教育未行，民智未启，多数之湘人，犹在睡梦。号称有知识之人，又绝无理想计划。弟与荫柏等主张湖南自立为国，务与不进化之北方各省及情势不同之南方各省离异，打破空洞无组织的大中国，直接与世界有觉悟之民族携手，而知者绝少。自问题发生，空气至为黯淡。自“由湖南革命政府召集湖南人民宪法会议制定湖南宪法以建设新湖南”之说出，声势稍振。而多数人莫名其妙，甚或大惊小怪，诧为奇离……政治界暮气已深，腐败已甚，政治改良一途，可谓绝无希望。吾人惟有不理一切，另辟道路，另造环境一法。

——摘自1920年11月25日《毛泽东给向警予——湖南问题》

怒火烧起来了

“同学们，冲啊……”，在北京曹汝霖住宅赵家楼，一个青年已经爬上了窗户，他的名字叫匡互生（又名匡日休，后加入新民学会），北京高等师范学校数理部的学生。在他的身后，还有一群学生，他们情绪激昂，表情愤怒，声声声讨，句句铿锵。

学生们打破了赵家楼的窗户，曹宅忽然起火，红烈的火焰冲破云霄，照红了北京的半边天空，像极了学生们的怒火。

这一天是1919年5月4日，对学生们进入曹府的过程，参与者俞劲有生动的描述：

> 这时突然有领队某君（参加五四前夕秘密会人员之一，湖南人，高师数理部学生，曾习武术，膂力过人），奋不顾身，纵步跳上右边小窗户，随即有好几个警察死死地拉住他的腿往下拽。领队的学生们看到后，有的就用尽力气去掰开警察的手，坚持不下。另有一部分人就痛哭流涕地向他们演说：卖国贼如何卖国，中国如何危险等，警察们终于被感动而放松了手。某君头向里面一望，内部还有数十名武装警察，正枪口对着他。接着某君向这些警察演说，警察大概也由于良心发现，不敢开枪，改变了瞄准的姿态。某君便不顾一切地跳下去，迅速而机警地把大门开了，于是大队学生蜂拥而入。

俞劲所说的湖南人领队某君就是匡互生。那些细节是否确有其事，难以判断。当匡互生准备放火烧屋时，北大学生段锡朋大惊失色，连忙跑来阻止：“我负不了责任！”

匡日休愤慨地回答：“谁要你负责任！你也确实负不了责任。”说完，顺手就把寝室内的蚊帐扯下来，划火点燃。

火光和黑烟顿时冲天而起。曹汝霖的父亲、妻妾和佣人，纷纷夺门而逃。学生们没有为难他们，让他们走了。章宗祥看见着火，被迫从锅炉房逃出，却被学生逮住。见他西装革履，学生们以为他是曹汝霖，便围上来用砖头、铁棍痛打了他一顿。他身边的日本人拼命护着他，也被学生们打得七荤八素。罗家伦记得当时是这样的：

> 章宗祥比较老实，他和那个日本人一道躲在一个小房间里，群众跑进去的时候，日本人还掩护着他，于是大家知道他是一个要人。群众便把他们围起来了。不久一个北大的校工进来，他说自己是认识章宗祥的，并且说这就是章宗祥，于是大家便动手打起来，打了一顿，忽然有人说“打错了”。大家便一哄而散，于是

这个日本人和曹家的佣人，便把章宗祥抬出去，停在一间杂货店里面，这个日本人也去了，于是群众中忽然有人叫“刚才并没有打错”，大家便去找章宗祥，在他后门杂货店中找着了。当时这个日本人还掩护着他，群众们便用杂货店中鸡蛋来丢这个日本人，重新把章宗祥拖进曹宅来，拆散了一张铁床，拿铁床的棍子来打，所以当时章宗祥确是遍体鳞伤，大家以为他已经死过去了。

打过章宗祥后，学生们因怕出人命事情闹大了，都跑出门，四散而去。罗家伦、傅斯年、匡日休等学生领袖，夹在人群中跑出曹府。这时救火车和水夫都赶来了，忙着扑灭大火；大批宪兵和游缉队也赶来了，警察吹起了凄厉的警笛。到处是尖叫声、杂沓的脚步声、憧憧的身影，烟雾弥漫的胡同，在夕阳中混乱不堪。

当事态发展到如此地步之后，原来对学生友好的军警也不得不采取行动，旋即宣布戒严，在赵家楼开始捕人。32 名学生被抓。有学生沿途大呼：“二十年后又是一条英雄好汉！”

被捕学生当晚被关押在步军统领衙门的监房里，不许走动，不许交谈。许德珩描述囚室的环境：“极其拥挤肮脏，只有一个大炕，东西两边各摆着一个大尿桶，臭气满屋。每半小时还要听他们的命令抬一下头，翻一个身，以证明‘犯人’还活着。”这位壮怀激烈的年轻人，作了两首诗以表心意，其中一首云：

为雪心头恨，而今作楚囚。
被拘三十二，无一怕杀头。
痛殴卖国贼，火烧赵家楼。
锄奸不惜死，来把中国救。

这一切源于 1919 年 5 月 1 日中国巴黎和会谈判失利。北京大学的一些学生获悉了巴黎和会拒绝中国要求的消息。当天，学生代表就在北大西斋饭厅召开紧急会议，决定于 1919 年 5 月 3 日在北大法科大礼堂举行全体学生临时大会。

5 月 3 日晚，北京大学学生举行大会，高师、法政专门、高等工业等学校也派了代表参加。发言的学生代表情绪激昂，号召大家奋起救国。最后定出四条办法：（一）联合各界一致力争；（二）通电巴黎专使，坚持不在和约上签字；（三）通电各省于1919年5月7日国耻纪念举行游行示威运动；（四）定于1919年5月4日（星期日）齐集天安门举行学界之大示威。

1919年5月4日，星期日。鲁迅用一个字记录了这天北京的天气："昙"——浓云密布。柳絮在天空中飞舞。胡同里的香椿树悄悄地绿了，洋槐花已开始绽放。历史记住了这一天，青年们更应该记住这一天。

"抵制日货!"

"废除二十一条!"

"收回山东权利!"

"宁肯玉碎，勿为瓦全!"

"外争国权，内惩国贼!"

"誓死力争，还我青岛!"

"拒绝在巴黎和约上签字!"

北京三所高校的3000多名学生代表云集天安门，他们打着上面这些奋起而救国的口号。要求惩办交通总长曹汝霖、币制局总裁陆宗舆、驻日公使章宗祥。

赵家楼烧了，曹汝霖仓皇逃避到六国饭店，因北京人心激昂，又走奉天，藏入日租界。

曹宅被烧时，章宗祥正在曹宅，学生见之，奋而殴击，章宗祥负伤甚重，性命危在旦夕。

学生队伍走到哪个地方，哪个地方的愤怒的爱国情绪就被点燃。

5月5日，北京学生罢课。6日，北京学生联合会成立，邓中夏、许德珩、黄日葵等都是执行部成员。北京学联决定派代表到南方各省扩大宣传。黄日葵、许德珩沿津浦铁路南下，到天津联系张太雷、周恩来，然后再去南京、上海。邓中夏等人沿京汉铁路南下，先后到长辛店、保定、郑州、武汉、长沙、广州，发动各省市学生、工人、市民支持学生运动。

5月11日，上海成立学生联合会。5月14日，天津学生联合会成立。5月19日，北京各校学生同时宣告罢课……

6月3日，北京数以千计的学生涌向街道，举行全街大演讲和游行示威。当局逮捕了学生一千多人，引发了新一轮的大规模抗议活动。

6 月 5 日，上海工人罢工、商人罢市、学生罢课，声援北京学生，全国 22 个省 150 多个城市都有不同程度的反映。

6 月 10 日，北洋政府在压力之下，只得撤销曹、章、陆职务。

6 月 28 日，中国代表没有在《巴黎和约》上签字。

毛泽东在他著的《新民主主义论》里面如是说：

> 五四运动的杰出的历史意义，在于它带着为辛亥革命还不曾有的姿态，这就是彻底地不妥协地反帝国主义和彻底地不妥协地反封建主义。五四运动所以具有这种性质，是在当时中国的资本主义经济已有进一步的发展，当时中国的革命知识分子眼见俄、德、奥三大帝国主义国家已经瓦解，英、法两大帝国主义国家已经受伤，而俄国无产阶级已经建立了社会主义国家。德、奥、意三国无产阶级在革命中，因而发生了中国民族解放的新希望。五四运动是在当时世界革命号召之下，是俄国革命号召之下，是在列宁号召之下发生的。五四运动是当时无产阶级世界革命的一部分。

这一场运动终于成了全国范围内的大事件，并且被载入史册。不仅如此，它还衍生了“五四青年节”这样一个永远年轻的节日，中国青年在国家利益面前写下了一纸誓死捍卫的诺言。

《罢课宣言》响彻校园

“同胞们，起来！用我们的热血，挽救祖国的危亡。”五四运动之后不久，长沙街头巷尾出现了一张字数不多但热情奔放的传单。

传单是毛泽东写的，以几个学校学生会的名义发出。当五四运动的怒火烧到长沙时，毛泽东带领新民学会的青年们义不容辞地接过了这个火炬，准备一扫湖南的漫天尘霾。

1919 年 4 月 6 日，回到长沙后，毛泽东并没有住处。周世钊得知了这一消息，劝他住进修业小学。周世钊说：“这里是长沙的市中心，附近的学校又都有新民学会会友，既便于联系，又便于商议。而且，在学校里教几节课，也可以解决生活用度问题。”

过了几天，毛泽东采纳了周世钊的建议。他把简单的行李搬进来修业小学，又找了两条板凳，一块门板，将学生时代用过的棉被往上一铺，一个简单的家便成了。

会友们感到好奇，纷纷问毛泽东：“你花了这么大的精力组织勤工俭学，你又是受华法教育会支持的25人之一，为什么没去法国?”

毛泽东对此给出了自己的答复：“我们要有人到外国去，看些新东西，学些新道理，研究新问题，拿回来用以改造我们的国家。同时也要有人留在国内，调查、研究本国的问题。我觉得对于自己的国家，所知道的还太少，假若我把时间花费在本国，掌握了本国的国情，然后出国留学，对比中外国情，吸取他人经验，更方便，更有益。”

五四运动的爆发给了毛泽东进一步认识祖国的机会。他一方面继续组织和团结青年，新民学会的理念很快辐射到了长沙以及湖南各地许多学校，进步运动此起彼伏；另一方面，则跟对军阀统治表示不满的教育界和新闻界拧成一股绳，这成了后来革命运动的坚硬基石。

5月23日，北京学生代表邓中夏抵达长沙，第一个找到毛泽东。毛邓二人在湖南读书时就认识，后来毛泽东到北京大学图书馆工作，跟在北京的邓中夏交往甚密。这次，邓中夏带来了五四运动始发地北京的一线消息，毛泽东分外高兴。邓中夏跟毛泽东和何叔衡二人详细讲述了北京学生运动的情况，并且希望湖南学生能有所行动，支持反帝运动。毛泽东听后，很是赞同，并且告诉邓中夏，湖南已有一些思想准备和组织基础。当晚，毛泽东就找来了几位学生代表商谈此事。

5月23日晚，蒋竹如正在湖南一师十三班的自习室里复习功课，毛泽东把他喊了出去。毛泽东领着蒋竹如朝一师后山的操坪里走去。

天上挂着一轮明月，蒋竹如远远地看见，在操坪上还站着两个人，月光如银，像一层薄薄的霜打在青年的衣服上。走近了，他才发现原来是陈书农和张国基。

“今天叫大家来是有个要紧事。”毛泽东停顿了一下，语气变得严肃了些，“北京学生派来了两个代表，要求湖南学生起来罢课，和北京学生采取一致行动。我们现在要商量一下怎样响应北京的学生运动。”毛泽东郑重地说明了来由。

几个青年相互交流了一下眼神，继而几乎是异口同声地道了声："好!"月亮仿佛也洞穿了众人的心思，愈发明亮起来，像是融化了的霜变成了晶莹透亮的晨露。商谈一阵之后，大家一致决定通过新民学会会员的活动，要每个学校推举一个或是两三个代表，于25日上午到楚怡小学开会。

连续几天，新民学会的会员活跃在了长沙40多个学校里，有些还到了长沙周边的县宣讲。

5月25日，新民学会和各校代表20余人齐聚长沙。其中包括湖南商专的易礼容、彭璜，湖南工专的柳敏，湖南法专的夏正猷、黎宗烈，明德中学的唐耀章，雅礼的李振南，周南的魏璧、劳君展等。

北京学生代表邓中夏手拿照片、漫画，声泪俱下地描述了北京学生"外争主权，内惩国贼"，火烧赵家楼，痛打章宗祥的过程。作为目击者，一个个激动人心的画面轮番在他脑海里浮现，就像抛连珠炮一般，他把那一个个画面活灵活现地"搬"到了众人眼前。

与会者莫不鼓掌称快，连声说道："烧得好，打得好!"只是听听还不过瘾，各校的大部分代表觉得湖南学生也应该举起双手来，接过北京学生点燃的火炬。经过初步议论，大多数代表赞成成立湖南省学生联合会，建议请毛泽东起草会章。

5月28日，各校代表又一次在省教育会齐聚一堂。作为统一各校学生行动的领导机构，"湖南学生联合会"顺势成立，会址设立在长沙落星田湖南商专。章程也草拟并油印出来了，经代表逐条讨论，最后决定学会的宗旨为"爱护国家，服务社会，研究学术，促进文明"。联合会当天即发出了争回青岛的宣言"请斩曹陆，以谢天下"。

湖南学生联合会设正、副会长各一人，评议、干事两部各设部长一人；评议员由各校派出的代表一人充当，干事部分设总务、交际、编辑、社会服务四股，每股各设股长一人。湖南法专学生代表夏正猷当选为会长，新民学会会员、湖南商专学生彭璜为副会长，新民学会会员、商专学生易礼容为评议部部长，湘雅医专张维为执行部部长。

然而就罢课问题，据蒋竹如回忆：长沙各校学生思想并不一致。大多数学生极力主张罢课，一部分学生持观望态度，少数学生反对罢课。学生联合会开了几次动员大会，毛泽东也极力劝导学生们，国难当头应当统一行动。终于，在6月2日召开的学生大会上，大家通过决议，定于第二天举行总罢课。

6月3日，湖南学生联合会发动了全省范围内的大罢课，学生们义愤填膺，喊出了掷地有声的《罢课宣言》：

> 外交失败，内政分歧，国家将亡，急宜挽救。京师学界倡正义于先，津浦群英树声援于后，内之振我民气，外之挫彼敌锋，共矢忠贞，以示天下。乃者我政府于外交既无补救之良方，于内政复无坚决之表示，因循姑息，甘陷沦亡。夫学生之求学，以卫国也。国如不存，学于何有？我湖南学生出于良心之感发，鉴于时势之要求，决议自6月3日起，全体罢课，力行救国之职责，誓为外交之后盾。耿耿此心，神人共鉴。

《罢课宣言》就像是一声清脆的下课铃声，响彻湖南的校园。学生们迅速融入了这波罢课热潮。这场由湖南省学生联合会主导的罢课运动旗帜鲜明，矛头直指北洋政府，督促他们拒绝在《巴黎合约》上签字，废除中日一切不平等条约，严厉制止摧残学生运动。

当日参加罢课的有湖南第一师范、商专、周南、湘雅等20余所学校师生。唯独会长夏正猷所在的法政专门学校学生会没有执行罢课决定，引起各校不满，遂改选商专学生彭璜为会长，长郡中学学生彭光球为评议部部长，一师学生蒋竹如为执行部部长，易礼容、李思安、魏壁、陈纯粹等新民学会会员都是评议部、执行部委员。改选后的学联大部分领导者都是新民学会会员，或是在不久后就加入了新民学会。在毛泽东的领导下，新民学会实际上领导了湖南的“五四运动”。事实上，这还只是开始，这场起始于学生的爱国烈焰很快以燎原之势蔓延到整个中国。

这时，在北方准备赴法勤工俭学的湖南人也没闲着，在蔡和森的带领下，他们进入了北京城。此次入城的蔡和森、陈绍休、贺果、唐灵运等都住在豆腐池胡同杨昌济的家里。此时的杨昌济虽然已经重病缠身，住在西山医院，但是这个一辈子把家国放在心里的教育家还是全力支持着学生们的爱国运动。

他们举着书有“收回山东青岛，拒绝在合约上签字”的旗帜来到北洋军阀徐世昌的总统府新华门前，强烈要求政府给予明确的答复。他们在新华门外坚持了一天一晚，露宿草地仍斗志饱满。第二日，徐世昌被迫接见了请愿代表，答应拒绝签署“合约”。蔡和森等青年这才罢休。

与之相呼应的长沙城里，新民学会的号召、学联的指挥，在各校几乎是一呼百应。不仅学生如此，当时教育界的知名人士，诸如陈润霖、朱剑凡、徐特立、文徽典、彭国钧等也纷纷集议，支持学生反帝爱国运动，称罢课的动机为“激于爱国热忱”。

一幕幕扣人心弦的演讲、一部部振奋人心的话剧在工厂、在街道、在民众家门口震撼上演。6 月 12 日，学联召开演讲分团代表会，决定划分 8 个区，挨户演讲。话剧《青岛风云》《亡国鉴》活灵活现地展现了在帝国主义和封建主义双重压迫下，中国民众悲惨的现状。

“我把警钟来敲响，大家齐心想一想。把人做牛又做马，你看可怕不可怕？同胞觉悟趁这时，祸到临头悔已迟。打倒日本救中国，一齐争作自由人。”在台上、在路边、在广场、在街道，学生演员悲愤呼号，声泪俱下，活灵活现地将社会现状搬上了舞台。

古老的中国像一条沉睡多年的巨龙，而民众的斗争就像是给它打了一剂强心针，这条巨龙渐渐觉醒了。

众人拾柴火焰高

很快，湖南各界有了响应。在湖南省教育会、省商会等单位联合发起下，5 月 28 日，湖南省国货维持会成立了。国货维持会由当时湖南的几位爱国社会名流主持工作，劳鼎勋任会长，姜济寰、粟勘时为副会长。“维持国货，抵御日货”的呼声迭起。

长沙的 12 个码头全面出动，船上的伙计在爱国志士的鼓励下把洋货从船上卸下来，或是拒绝帮日本人运货，或者是劝说中国人不坐日本船、不买日本货。一时间，长沙码头的工人和商家店员成了反帝中坚力量。

日商没有了办法，一再降价，甚至不收船票，依旧无人问津。日商黔驴技穷，指使水兵上岸，做一些强盗的勾当。法政专科学生符契在金家码头指导乘客乘坐本国轮船，勿坐日本船时，被一群“流氓”毒打。经调查，原来是日轮戴生昌汽船公司的经理看着符契这么做，恨得牙痒痒，指使水手化装成流氓，将他带到公司毒打。日本水手在中国的土地上毒打中国学生，这还了得？一时间，民愤四起。湖南学生联合会负责人将此事上诉到长沙县法院。法院见民愤难平，判处了日本水手三个月徒刑。这是五四运动中判处外国人罪行的唯一一例，也是近代中国破天荒的一例。

这次难得的胜利给湖南各界长了志气。学生联合会与国货维持会决定一鼓作气，共同行动，抵制日货。

周世钊记得：

> 当时学生联合会派出了很多学生做调查员，到纱号、南货、纸业、印刷、玻璃和百货等商店进行细致的调查。查出日货，立即封存，限期拍卖。如果那些商家阳奉阴违，继续偷卖日货，则给予他们罚金、没收或是焚毁日货等处分。

然而，有些奸商在这样的监督和惩罚之下仍然花样百出，唯利是图，不服从处理。于是，由国货维持会、学生联合会、绸布业国货维持会定于7月7日联合举行烧毁日货游行大示威。

周世钊清楚地记得，那天，游行队伍高举“烧毁日货游行大会”和“同胞们注意，切勿买日货”的大旗，学生们每人肩负一匹日本布，后面跟着绸布业的店员工人。

到了教育会坪，学生们将布匹堆放坪中，淋上煤油焚烧，亲眼看着布匹烧成灰烬才肯罢休。

日货是烧了，可是事情并没有顺利收场。

督军兼省长张敬尧来了，后面跟着一支凶神恶煞的军警队伍。他环视了一下周围，一切已经再明白不过。他恶狠狠地望向示威队伍，说：“青岛问题，政府正在据理力争，无需你们这些学生来干涉。你们罢课、游行、烧日货，名为爱国，实则是祸国，是过激主义。本帅命令你们，学生只管去读书，教师只管去教书，如若不然，还要闹事的话，休怪本帅就地办人，绝不容情！”

张敬尧向其继子张敬忠使了个手势，张敬忠带着人拿着枪走到彭璜和省学联干事邱维勤面前，将他们挟持住，摆出一副要将他们就地正法的态势。

毛泽东见势不妙，急忙请国货维持会颇有身份的劳鼎勋和姜济寰出面，与张敬尧周旋救人。

劳鼎勋委婉地说：“张帅，抵制日货是为保护国货，对国家，对我们民族资本家有益呀。”

姜济寰也接着说：“张帅，你可以放心，我在维持秩序，不会有越轨行为。”

此时，省学联评议部长、新民学会会员彭光球率领工人和市民高呼起来：“焚烧日货，保护国货是爱国行动，请问，张帅的屁股坐在哪里?”

趁着民众高呼，场面混乱难控之际，几个粗壮的工人走近彭璜和邱维勤，将挟持他们的两个军警推开，救了人直往人群中走去。

张敬尧见势不利，气急败坏，带着一群宪兵愤愤离去。

这件事情虽然化险为夷，但给所有参加行动的热血青年敲响了警钟。当晚，毛泽东就召集学联成员及部分新民学会会员一起研究对策。毛泽东与大家分析：所有军阀都是帝国主义的走狗，须联合社会各个阶层的爱国者，结成一个团体，共同对付军阀。彭璜很赞同毛泽东的看法，当即布置起联合事宜。一场反对帝国主义反对封建军阀统治的激烈斗争顺势拉开帷幕。

7 月 9 日，在毛泽东和彭璜等新民学会成员的领导下，“湖南各界联合会”成立了，彭璜任会长。这是继北京、天津、上海、南京各界联合会之后的第五个省级联合战线性质的组织，也是倡导组织全国各界联合会的发起单位。不久，全国各界联合会成立，会址在上海，彭璜当选为执行委员、驻会干事。在成立会上，彭璜发表演说：

> 现在我国前途危险到极端，欲求从速挽救，非与各界联络一气，共策进行不可。我们学生决心除去障碍物，推翻武人政治，故组织各界联合会，造成平民团体。

从北京带来的火种，在长沙绽放了耀眼的光芒。这束光芒照射到了湖南各地，又与全国的赤焰融为一体，照得一切反动势力无处遁形。这，就是运动的力量。在新民学会的领导下，湖南的热血青年抡起衣袖，誓与反动势力斗争到底。社会各界虽然联合起来了，但毛泽东知道，这还远远不够。这盆火，需要烧得更旺一些。

洞庭湖的闸门开了

如果说五四运动像一团熊熊燃烧的烈焰，那么，在潇湘大地，建立一个添柴加火的阵地迫在眉睫。1919 年 7 月 14 日，《湘江评论》的创刊号问世了。很快地，这份四开四版的报型杂志“打开了洞庭湖的闸门”。如它的创刊宣言所说：

> 自“世界革命”呼声大倡，“人类解放”运动猛进以来，任何力量都阻挡不了革命的潮流。在这潮流中，洞庭湖的闸门打开了，浩浩荡荡的新思潮，业已澎湃于湘江两岸了……如何承受他，如何传播他，如何研究他，如何施行他，这是我们全体湘人最切最要的大任务。

这是由湖南学生联合会主办的报型杂志，毛泽东被推选为杂志主编。毛泽东参照《每周评论》的形式，辟有“西方大事述评”“东方大事述评”“湘江大事述评”“世界杂评”“放言”“新文艺”等栏目，第 2 号附有临时增刊。从发起、创办，到编辑、组稿、校对、印刷和发行，《湘江评论》每个环节几乎都是由新民学会的会员承担。除毛泽东以外，彭璜、萧三、何叔衡、熊瑾玎、陈子博、周世钊都是主要撰稿人，印刷、出版、财务等工作由易礼容承担，发行工作则由李凤池负总责。

新思想、新思潮顺着《湘江评论》打开的洞庭湖闸门不断涌入湖南这片热血之地，第一期《我们饿极了》一文只有 90 个字，通篇白话文，湖南青年渴望思想解放的心思却表露无遗。文章开门见山地说：

> 我们关在洞庭湖大门里的青年，实在是饿极了！我的肚子固然是饿，我们的脑筋尤饿！替我们办理食物的厨师们，太没本钱。我们无法！我们惟有起而自办！这是我们饿极了的哀声！千万不

要看错。

具有这样冲击力的文章在《湘江评论》上不胜枚举，接二连三的思想炮轰，冲击得封建军阀措手不及。那么，《湘江评论》的驻地是在哪里？有资料说毛泽东为主编《湘江评论》，从修业学校搬到了省学联驻地——长沙市落星田商业专科学校内。也有说他就在修业学校办公。

周世钊当时也在修业学校，他回忆：

毛泽东日间事情极多，来找他谈问题的人也是此来彼去，写稿常在夜晚。他不避暑气的熏蒸，不顾蚊子的叮扰，挥汗疾书，常常夜半还不得休息。

毛泽东住的一间小楼房和周世钊住的房子只隔一层板壁。每每周世钊半夜醒来，从壁缝里还看见他的房里灯光莹莹。周世钊知道，那是毛泽东还在赶写第二天要付印的稿子。

文章写好了，他又要自己编辑、自己排版、自己校对，有时还自己上街叫卖。

这时，毛泽东的生活仍是很艰苦，修业小学给的几块钱工资，每月吃饭之外就无剩余。身上的灰布长衣和白布裤穿得很破旧了，朋友每每想借钱给他添置些必要的衣物他都会谢却。

他的行李也只有旧蚊帐、旧被套、旧竹席和几本兼作枕头用的旧书。

一日清晨，朝阳已经东升，照在毛泽东的夏布蚊帐上。

易礼容来到毛泽东的住所，疲累的毛泽东睡得正熟，有人进了卧室都没有反应。

易礼容后来回忆：不止一夜，连续十几夜，毛泽东都夜以继日地工作，累了就睡一会儿，醒了又接着工作。

《湘江评论》的文章大多是毛泽东写的，从创刊号到第 4 期，他撰有文章 41 篇。就用《民众的大联合》这个标题，毛泽东写了约一万字，连续分三期发表在《湘江评论》上，炮轰统治压迫，宣扬阶级对抗。

> 五四运动的规模空前深广。在极短的时间内，旌旗南向，过黄河而到长江，黄浦汉皋，洞庭闽水，更起高潮。天地为之昭苏，奸邪为之辟易。由此全国人民觉醒起来：天下者我们的天下，国家者我们的国家。我们不起而斗争，谁起而斗争？刻不容缓的民众大联合，我们应该积极进行。
>
> 世界什么问题最大？吃饭问题最大。什么力量最强？民众联合的力量最强。什么不要怕？天不要怕，鬼不要怕，死人不要怕，官僚不要怕，军阀不要怕，资本家不要怕。
>
> 国家坏到了极处，人类到了极处，社会黑暗到了极处，补救的办法，改造的办法，教育，兴业……固然是不错，有为这几样根本的一个方法，就是民众的大联合。

“民众大联合”是当时毛泽东等人的重要思想，在后面的“驱张”运动、成立文化书社、自治运动中都有所体现。包括到了后来，中国革命时期的三大法宝之一——统一战线的提出，也是“民众大联合”思想的发展。

《湘江评论》因其针砭时弊的深刻性，深受当时的知识分子的推崇和喜爱。一时间，《湘江评论》洛阳纸贵，第一期印出 2000 份，一天卖光。加印 2000 份，不到三天也卖光了。从第 2 期起印到 5000 份，还远远不能满足读者的需求。

“过激派到了湖南，不得了！”以张敬尧为首的军阀统治集团颤抖了，他们只得四处造谣欺骗群众，以期蒙蔽广大民众的心智。张敬尧以《湘江评论》正面与他们为敌为理由，千方百计加以摧毁。

等到《湘江评论》第 5 期印刷的时候，军阀统治集团的军警来到了承印《湘江评论》的湘鄂印刷公司，假检查之名，肆意捣乱。以野蛮的方式强行封闭了湖南学生联合会和《湘江评论》。

然而，让军阀统治集团始料未及的是，仅仅出版四期的《湘江评论》已经如平地一声雷，震醒了湖南人民，鼓舞了革命斗士，激励了各大团体。此后，进步刊物和革命运动如雨后春笋，在湖南这片土地冒出稚嫩却充满希冀的锋尖。

在湘雅医专，有龙毓莹主编的《新湖南》；在周南女校，有周敦祥主编的《女界钟》；在雅礼学校，有柳直荀主编的《救国周报》；在明德中学，有唐耀章主编的《明德旬刊》……这些刊物大多为小报形式，鼓吹新思想，定价低廉，多多少少受《湘江评论》的影响。在《明德旬刊》第一期这样写道：

《湘江评论》出版了，就像太阳升起来了，照亮了我们的眼睛；警钟响起来了，震动了我们的耳鼓，启聋发聩，指示了我们前进的方向。我们要向强权者作斗争，我们要摔掉吃人的礼教的枷锁。奴隶般的教育我们不要了。湖南的青年们站起来，在《湘江评论》的启发下，做推动新文化，新思想的先锋，一齐奔向反帝反封建的前线。

得知《湘江评论》被封的消息，龙毓莹放下手中的笔，对编辑李振翩大声招呼了一声："走，我们去找毛润之！"

在一个图书馆，他们见到了毛泽东。毛泽东这天穿了一件很干净的长袍，瘦削而魁梧，一双温和又理智的眼睛，神态和蔼，睿智而有吸引力。

龙毓莹开口了，说是自己受《新湖南》编辑部所托，特来请毛泽东接办刊物，担任总编辑。

毛泽东没想到，五四运动这股汹涌的浪潮冲进湖南的同时也冲进了湘雅，这个平静得像古井似的殖民主义教育场所也激荡起了壮阔的波澜。学生们奋起反对旧礼教，提倡新文化，举起爱国主义的旗帜。

恰逢此时，《湘江评论》已经被封，为了使《新湖南》能够继承《湘江评论》的精神，毛泽东欣然答应了。从第 5 期开始，接办该刊。

新官上任三把火。毛泽东一经接手，就为《新湖南》写了"刷新宣言"。他接办刊物后毅然将宗旨改为了：批评社会；改造思想；介绍学术；讨论问题。他提出了一个响亮的信条：什么都可以牺牲，唯宗旨绝对不能牺牲！每期，毛泽东都会刊发一篇较长的政治论文。到了第 7 期，已经与以前大不相同。毛泽东发表了诸如《社会主义是什么?》《无政府主义是什么?》《工读问题》等文章。一些先进知识分子看到这样的《新湖南》兴奋极了，他们觉得《湘江评论》似乎又复活了。

1919 年 11 月 24 日的北京《晨报》是这样介绍的："《新湖南》内容极为完备，是《湘江评论》的化身，所以魄力非常充足。"这样一个新阵地在军阀横行的当时也会是寿命不长的，《新湖南》出刊到第 12 期，张敬尧下令将其封闭了。

不过，新的思想却不可能说查封就查封。在此期间，在毛泽东的倡议下，各校学生会主办的刊物成立了周刊联合会，由毛泽东和龙毓莹任副总干事，每周开一次会，对宣传、研讨的内容作部署。这批以毛泽东为首的知识分子准备将手中的笔变成了一柄利剑，向帝国主义和封建主义的胸膛刺去。

女界的钟声

“我道，女子本来是罪人，高髻长裙，是男子加于她们的刑具；还有那脸上的脂粉就是黥文；手上的饰物就是桎梏。穿耳包脚为肉刑，学校家庭为监狱；痛之不敢声，闭之不敢出……”

——摘自《湘江评论》创刊号

《湘江评论》创刊号上的这一段话道出了当时妇女的真实处境，句句鞭辟入里。像一个棒槌，重重地敲打在封建礼教的腐朽殿堂上，敲打在背着沉重枷锁的妇女心头。

新房里，红罗绸缎，一个新娘正在上妆。待妆梳完毕，新娘对其姐说：“劳你费心，以后再报答。”

新娘名叫赵五贞，湖南长沙人，知书识字，性情温和，刺绣裁缝、烹调饮食，无所不通。在当时可以算得上是一位才女。

以古董业为生的同街少老板吴凤林相中了赵五贞，请媒婆代为撮合。吴凤林其人，当时已年过三十。吴母平日里声名狼藉，以恶悍著称。这本并不是一桩如意婚姻。

赵五贞的父亲赵海楼贪图吴家丰厚的聘金。在媒婆百般怂恿下，也没问清楚女儿的意向，就一锤定音答应了这桩婚事。

赵五贞本极不情愿，她向父母力争，没有得到同意；请延缓婚期，又没有得到许可。迫于父母之命，赵五贞再不敢作声，时时长吁短叹。其嫂回忆，赵五贞出嫁前曾对她说：“女子在家从父，出嫁从夫，夫死从子，做女子真是背时呵！”

家门外，敲锣打鼓，迎亲的队伍浩浩荡荡。赵五贞被亲人送进了轿子。轿外，唢呐声、锣鼓声、鞭炮声震耳欲聋。

将进花轿时，赵五贞挥泪告辞，逢人便拜，眷顾母姊，形色依依。她请求花轿从南门外的姐姐家门口过。

当花轿走过姐姐家时，怀着对婚姻自由的憧憬，新娘子赵五贞从左脚的绑腿里抽出了一柄剃须刀，在花轿中割喉自刎。轿夫发现时，鲜血正顺着花轿流入大地。

吴家听轿夫报告之后，急忙命媒人先在门外掀开轿帘查看。只见赵五贞仰面而卧，喉管割痕寸余，血如泉涌，奄奄一息，不能说话。

在弥留之际，赵五贞将手上所带定亲戒指取下交给吴家，表达誓死抗婚的决心。

早在《民众的大联合》里，毛泽东就用锋利的笔触呼吁女子小联合，鼓吹女子解放，摧毁那吃人的礼教：

> 我们都是人，为什么不许我们参政？我们都是人，为什么不许我们交际？
>
> 什么贞操，都只限于我们女子，烈女祠，遍天下，贞童庙又在哪里？

赵五贞事件，用血淋淋的教训敲响了女界之钟。

《女界钟》，这个五四运动和《湘江评论》催生的女性刊物，为赵女士自杀事件而愤慨，在长沙城拉响了女性解放的警报。

说到《女界钟》，早在《湘江评论》被停刊时它就已经成立。当时“周南三杰”之一的新民学会会员周敦祥召集同学们在一起讨论。

有人说：“《湘江评论》停刊了，我们不能换个名字出版吗？”

“对，我们就出个女子刊物吧！”有人回应。

这个意见很快得到了大家的赞同，可是起个什么名字好呢？大家众说纷纭。

“《女界钟》如何？”其中一个同志说道。

钟声是唤起人们的声音，女界钟又是唤醒妇女的声音，在场众人一致认为这是一个好名字。

事后，众推周敦祥为总编辑，劳君展、魏璧为编辑。当时还是学生的周敦祥很想做好这个刊物，同时又倍感惶恐，她怕的是自己没有经验，办不好《女界钟》。

放了学回家，周敦祥正在为办《女界钟》而发愁，不想毛泽东来了。听说她办这个刊物还有些胆怯，毛泽东特意前来鼓励她。

“你怕什么，好好搞吧，我们支持你！”毛泽东为她鼓劲加油。

有了这个坚强的后盾，周敦祥的胆子即刻壮起来了。

1919 年 10 月中下旬，《女界钟》出版了。

待到赵五贞出事时，《女界钟》已经担负起了向妇女传播新思想、新文化的任务。同时也唤起了更多的妇女冲破孔孟之道、三纲五常、三从四德的藩篱。

周敦祥回忆说：

> 赵五贞自刎这件悲愤的事情发生后，毛泽东建议《女界钟》出一特刊附于《女界钟》第四期。她采取了毛泽东的建议。

毛泽东自己就为赵五贞自杀事件给《女界钟》撰过文，中心思想是论述妇女要实现经济独立。从 11 月 16 日至 28 日这 13 天内，毛泽东在湖南《大公报》和《女界钟》上，连续发表了关于妇女解放的文章十余篇，矛头所向都是致使赵女士自杀的封建社会制度。他在《对赵女士自杀的批评》文章中写道：

> 昨日的事件，是一件很大的事件。这件事情发生的原因，是婚姻制度的腐败，社会制度的黑暗，意志的不能独立，恋爱的不能自由……希望有讨论热心的人，对这一个殉自由恋爱的女青年，从各种论点出发，替她呼一声冤枉。

毛泽东认为，赵女士自杀是环境逼迫的。他将当时的环境比喻成三面铁网：一是中国的封建社会；二是长沙南阳街赵宅一家人；三是她所不愿意的夫家长沙柑子园吴宅一家人。赵女士在这三角形的铁网当中，无论如何求生，没有生法。生的对面是死，于是赵女士死了。假若这三件中有一件不是铁网，或铁网是开放的，她也不会死。可是，在这三面铁网中，在男女极端隔绝的封建婚姻制度下，哪有让赵女士逃生的位置？

彭璜对毛泽东的见解有不同的看法，说毛泽东的观点“徒然归咎环境，放松赵女士的本身”。毛泽东肯定了彭璜的意见，他同时也表明自己“到底不能放松‘社会’”：

> 社会里面既含有可使赵女士死的“故”，这社会便是一种极危险的东西。他可以使赵女士死，他又可以使钱女士、孙女士、李女士死；他可以使“女”死，也可以使“男”死。我们现在未死的人，不能不预防这危险的东西，不能不大声疾呼“社会万恶”。

在后面写的一篇《非自杀》文章中，他也对个人自杀问题进行了阐述。他说：

> 一个人的自杀，其动机并不是求死的，不唯不是求死，反是一种剧烈的求生。社会之所以有自杀，只因社会将他的希望尽行夺去，而给与以完全失望。

鉴于赵女士自杀的悲剧，社会各界人士纷纷提出了改革婚姻制度的问题。有的主张废除早婚，限定结婚年龄。有的主张实行男女同校，认为普及教育是男女社交公开的先决条件。有的主张如果婚姻受到干涉，可以誓死不允，或离家出走，谋独立生活。在这场讨论中，真正对旧婚姻制度进行了全面而深刻批判的，还属毛泽东了。

毛泽东认为，夫妇关系完全要以恋爱为中心，余事种种都系附属。旧式婚姻之所以能维持，是由于有一种极大的迷信，其中最主要的是“婚姻命定说”。那许多号称家庭和睦的夫妇，都是满脑子装着“婚姻命定”四个大字。于是，极无道理的“指腹为婚”“襁褓择配”，都从此生发出来。新式婚姻的成立，只要男女两人心知，到了交厚情深，尽可以结合。我们倡言改革婚制，首先要打破的是“婚姻命定”说。此说一破，父母代办政策，媒妁之言，便会顿失护符。家庭革命军，便会如麻而起，婚姻自由、恋爱自由的大潮，接着便将席卷中国。

一时间，“赵女士自杀”变成了一个社会符号，承载在这个符号上的不再只是一个女人的死，而是这个女人死亡之后的思考。婚姻自主、女子自立的呼声变成一柄利剑，重重地刺在被三纲五常、三从四德、父母之命、媒妁之言等枷锁重重包裹的封建婚姻上。显然，在新思想的一次次冲击下，那套旧式封建婚姻机器已然摇摇欲坠、朝不保夕。

一波未平一波又起。果然，只要捆绑女子的封建旧机制不死，死的就不仅仅只是赵女士、张女士、李女士……不久，还是在长沙城内，周南女学生袁舜英，因受在校授课的爱人李某的轻视、冷淡，羞愤投水自杀。袁女士的死让当时追求思想解放的先进青年又一次因愤慨而大声疾呼。《女界钟》号召妇女界进行讨论，大抵指出，她们两人的死是死于“父母之命，媒妁之言”的封建婚姻制度；是死于妇女不能参加生产劳动，经济不能自主，完全依靠男人生活的习惯之下。她们的死意味着妇女的命运亟待改变，意味着妇女的思想亟待更新。

于是，在妇女的专有阵地上，《女界钟》敲响了捣毁“孔家店”，砸碎“三纲五常”的枷锁的斗争钟声。它反对男尊女卑，反对蓄婢缠足；提倡科学民主，主张妇女经济独立。它号召解放妇女，改造社会制度，打倒包办婚姻，实行婚姻自由，开辟劳动门路，使妇女都能自食其力。

正是这样一种声音，让女人们有了抗争的底气。妇女解放已经成了势不可挡的时代潮流。《女界钟》风靡全城，最多时需求量达到了五千份。

木秀于林风必摧之，妇女解放斗争的浪潮让封建统治阶层战栗了。但凡威胁到封建军阀利益的机构都很难逃出封建军阀的魔掌。《女界钟》大概出了5期，就被军阀下令封闭了。然而斗争的、先进的钟声一旦响起，便是任何力量都封锁不住的。事实也证明，妇女解放运动的声势由此越来越大。

有的女子冲破了封建枷锁，勇敢地付诸行动。1920年2月，长沙出现了第一个积极奋斗的女子——李欣淑。这个女子反对父亲包办婚姻，冲破了家庭封锁，前往北京，参加北京工读互助团。

周南以外的长沙各女校，如稻田、艺芳、福湘等也开始共同组织女学生励进会，以“增进女界的幸福，提倡女子服务社会的能力”为宗旨。这些女校学生对于爱国运动的斗争、对于改变社会风气、对于推动妇女解放运动产生了巨大的影响。

到1921年，长沙有几所男校如第一师范、岳云中学都招收了为数不多的女学生。在杨开慧和王佩琼等几个女生因剪发等事被学校辞退后，岳云中学把她们收作通学生。这两所学校在长沙开了男女同校的先例。

不唯女性，回到100年前的五四时期，在湖南这片热血之地，对自由的争取、对压迫的抗争、对反动势力的抵抗几乎预示着整个先进群体的思想觉醒。斗争一旦打响，整个社会便仿佛陷入了一场斗志昂扬的激烈角逐中。

请你滚出湖南

时间来到1919年12月2日，天气晴朗。这一天，长沙教育会坪又要举行焚毁日货的示威大会了。这次除学生外，还有工人、店员也参加了。

早在前几天，湖南国货维持会学生调查组在火车站起获了同仁裕等商家购进的日货布匹、南货，数量很多。经评议部决议，于12月2日举行游行示威后，焚毁日货。

周世钊记得，吃过早饭，修业学校的中小学学生和老师们就急忙整队去参加游行示威。他们的队伍就跟在游行大队后面，走过东长街、青石桥、八角亭、颇子街、西长街，向教育会坪前进。

大队的前面，由军乐队引导。一些身强力壮的纠察队员抬着要焚烧的日货走在军乐队后面。男女学生约五千人走在纠察队后面。大队的两边，学生用手挽着用日货布匹连成的长布条，正像出丧时送葬人的执绋。队伍走过洋货店门口时，大家提高了嗓门，高喊了几句“抵制日货”“打倒奸商”的口号。

下午1时，游行示威的队伍已经齐集在教育会坪。一大堆日货摆放在坪中央，学生和围观的群众达万人，围绕着日货站了一圈又一圈。学生联合会负责人和各校学生代表站在特设的台上大声呼吁焚毁日货，声情并茂怒斥奸商的罪恶。

“咚，咚，咚……”正当会场气氛热烈时，一阵脚步声打扰了演讲的声音。张敬尧的四弟张敬汤穿着长袍，骑着马，带着一营兵、一连大刀队来了。他冲进教育会坪，冲着他的兵划了个手势，这些兵就从内外两面散开，将学生紧紧围住。

“放火，抢东西，就是土匪；男学生是男土匪，女学生是女土匪。对土匪还要讲道理吗？打啦，办啦，就是道理!”张敬汤向台上一站，破口大骂。

讲完，他恶狠狠地命令大刀队到台上来，压着台上的学生代表跑下台。“啪！啪!”当众，脸上就是几记耳光。

看着手下扇完了学生代表的耳光，张敬汤双手抡了下裤腰带，顿足大呼：“坪中的学生都回去，不许停留!”

几百个兵立即用枪上的刺刀朝着学生的胸膛，逼着他们离开会场。

对着尖锐的刺刀，示威队伍只得离开会场。大家都觉得受到了极大的侮辱，难堪到了极点。

说起张氏兄弟，当时的湖南人民无不对其切齿痛恨。1918 年 3 月 27 日，北洋政府任命张敬尧为湖南督军兼省长。30 日，张部安武军进驻醴陵，借口军需，勒索商会银圆 4700 多元。株醴一役焚烧房屋 5000 余栋，杀死人民 10 万人以上。易家湾纵横 30 里，人烟灭绝。《戊午株洲兵祸记》记载：北兵在强奸抢夺之后，还纵火灭尸。有一个杨三砌嫂子，被 30 余个北兵强奸致死；邻居唐六老娘 68 岁，孙女 12 岁，均被轮奸死亡，纵火灭迹。

从 1918 年夏天起，张敬尧做了湖南督军兼省长之后，几乎没做过一件好事。他放纵自己带来的士兵到处奸淫掳掠、杀人放火。他们到哪里，哪里的商人就得停止营业；哪里的农民就逼得不敢种田，常常弄得几十里内空无人烟。长沙城内外以及附近的郊区，经常发生商店被抢劫、妇女遭轮奸、居民被残杀的事件，一年之内见诸报端的不下五六十起。

他们借公肥私，包办选举；摧残教育，侮辱教师。湖南教育经费原有银圆 80 万元，自张敬尧入湘后，把教育经费移作军费，教育经费逐月减少。至 1919 年 5 月，教员已 7 个多月未发工资，被迫罢教。他们还在 18 所学校长期驻兵不撤，将桌椅板凳打碎了作柴烧。更可恶的是，张敬尧四兄弟屡次镇压反日活动，暗杀革命爱国义士。

张敬尧的三个兄弟张敬舜、张敬禹、张敬汤，还有一个继子张敬忠，都是贪得无厌、穷凶极恶的人。他们倚仗兵势，助纣为虐，招权纳贿，横行霸道。当时民间流传着这样一首顺口溜：“堂堂乎张，尧舜禹汤。一二三四，虎豹豺狼。”湖南人民大声疾呼：“张毒不除，湖南无望。”

教育会坪侮辱学生事件只是张氏兄弟所做坏事的冰山一角，他们没想到的是，这次真的引火烧身了。很快，这个事情成了公开“驱张”运动的导火索。

其实，这一天的到来并非偶然。在此之前，新民学会已经为“驱张”秘密筹备多时。

1919年8月，张敬尧封停《湘江评论》的同时，也强行解散了湖南学生联合会。自此以后，新民学会被迫将工作转入地下，秘密准备“驱张”斗争。

9月的一天，毛泽东与彭璜等原学生联合会负责人秘密商议开展“驱张”的问题。

毛泽东分析了当时的情况：在北洋军阀内部，矛盾丛生。直系的吴佩孚在进攻湖南时本是很有力而有“功劳”的，然而湖南督军兼省长的位置却被皖系的张敬尧占去了，吴佩孚只是被派驻衡阳，心里很不高兴。驻常德的冯玉祥对张敬尧也表示不满。毛泽东认为张敬尧已经处于孤立的地位，驱逐他出湖南时机已经成熟。当即，安排彭璜到上海作“驱张”宣传。毛泽东在长沙联络各界，秘密进行“驱张”准备。搜集张敬尧祸湘材料的工作由李思安负责，她组织了一个调查班子，分赴株洲、醴陵、岳阳、邵阳等地。一切都在紧锣密鼓又井然有序地秘密筹划着。

而要把张敬尧赶出湖南毕竟不是一件容易的事情，需要组织队伍，壮大“驱张”领导核心。毛泽东与何叔衡、陈启民商议，准备再发展一批新民学会会员，发展的对象就是学生联合会的骨干成员。这一次，各校学生会的主要负责人基本被吸收进来。彭璜、易礼容、张国基、蒋竹如、彭光球、夏曦、向警予、陶斯咏、李振翩、张百龄、沈均一、李思安、周敦祥、魏璧、劳君展等都是这次入会的。

1919年11月16日，新民学会长沙会员在周南女校召开欢迎新会员会议，由何叔衡主持，参加会议的有41人。毛泽东致欢迎词，他说：“一批女同志的参加，打破了原来只有男同志的大男子主义，给我们带来了新活力。”表达欢迎之后，毛泽东话锋一转，严肃起来：“当前我们的紧迫任务，就是把作恶多端的张敬尧驱逐出湖南。”

至于怎么驱逐，毛泽东早已筹划了应对策略：“高举抵制日货，提倡国货的旗帜，揭露张敬尧卖国、亲日、残民、专横的罪行；利用直皖军阀的矛盾，把张敬尧赶出湖南。”

会员们热烈鼓掌表示支持毛泽东的策略。会后，学会秘密地全力准备“驱张”斗争，整理张敬尧祸国殃民的材料。

11 月 16 日，湖南学生联合会也得以重组，徐庆誉任会长，李思安、张国基任副会长，彭光球任评议部长，蒋竹如任执行部长。学联重组之后又积极投入销毁日货的斗争中，直到 12 月 2 日被辱事件的发生。

事情发生之后，毛泽东约集了学联负责人和部分学校的学生代表，这些代表多系新民学会会员。会议商量发动全省学校总罢课，开展驱除张敬尧的运动。毛泽东在《湘人为人格而战》一文中讲得很明白：“‘驱张’运动的发起，名流老辈小子后生，一齐加入，就是缘于这几种很深刻的激刺。故湘人驱张，完全因为在人格上湘人与他不能两立。湘人驱张，完全是为‘人格而战’，和蔡松坡云南誓师，说吾为人格而战是一样的。”一场驱除张敬尧的战斗彻底地、公然地在长沙打响了。

学生联合会用中等以上学校 13000 个学生的名义发出宣言：“张毒一日不去，学生一日不返校。”学生的这一举动得到了全省范围内的同情和响应。不久，长沙 73 所公、私立学校的教职员也郑重宣布总罢教。

12 月 3 日下午，何叔衡在周南女校召集新民学会会员大会，分析形势。周南一聚，重在讨论如何拔除张敬尧这个毒瘤。一群文弱书生，一没军队，二没权利，怎么对抗拥有重兵的大军阀？按照当时毛泽东的分析，一方面舆论造势，一方面借力打力，给张敬尧来一曲“四面楚歌”。新民学会当即决定组织“驱张代表团”，分途到北京、天津、衡阳、常德、武汉、郴州、上海、广州等处进行“驱张”宣传和“驱张”请愿。只是跟组织留法勤工俭学不同的是，新民学会这次不准备以学会的名义公开号召。会员分散到各个“驱张代表团”中，在各团中起核心作用。“驱张代表团”就像一件外衣，里面包裹的力量实际上还是新民学会这柄利剑。除何叔衡、夏曦留守长沙跟其他“驱张代表团”保持联系外，其他的主要人员都分赴各处。

毛泽东率领着代表团风尘仆仆奔赴北京。赴京请愿团由三部分人组成：公民代表有毛泽东、罗宗翰、张百龄、熊光楚、陈绍休等；教职员代表有罗教铎、杨遇夫（杨树达）等；学生代表有柳敏、李思安、李启汉、李振翩、蒋竹如、刘明俨等。赴京请愿团责任重大，他们的主要目的是向政府当局请愿，公开控诉皖系军阀的罪恶。

正逢春节，北京已经笼罩在一片严寒中，天寒地冻。请愿团一到达北京就受到了青年学生的热烈欢迎。这个五四运动的策源地的学生觉悟特别高，一切对抗黑暗势力的力量来到这片土地，他们都会热情地予以支持。请愿团的男男女女住在北大三院附近的马神庙。外面春节喜气洋洋，可是跟他们没有多大关系，他们的心里只有一个事情，那就是尽快请愿“驱张”。

到京之后，屁股还没坐热，请愿团就急急忙忙赶到新华门当时的徐世昌总统府请愿。那天，天上下着大雪，请愿团来到总统府。“迎接”他们的是门口戒备森严的军队，哨兵的枪都上了刺刀。请愿团毫无惧色，只是动之以情、晓之以理，向哨兵讲述张敬尧的罪行。可是，哨兵并没有同情他们，他们也并没能如愿见到总统徐世昌。回去的路上，大家议论纷纷，或愤慨或积极，可是谁都没有放弃。毛泽东时而插两句中肯的话，时而讲两句诙谐的话。一次不行，再去争取，请愿团达成了一致意见。

在接下来的两个月内，请愿团到新华门的总统府和国务院作了七次请愿，每次请愿都是席地而坐五六个小时，每次又都无效而返。

请愿终究没有成果，还得靠群众自己起来斗争。在毛泽东的布置下，请愿团在湖南会馆召开了在京湖南学生大会，把躲在北京的十三个湖南议员拖到会场，要他们签名同意“驱张”。

毛泽东穿着黄呢子大衣，鞭辟入里地揭露着张敬尧的罪行，讲了湖南人民为张毒所苦的现状，表明了坚决跟张敬尧斗争到底的决心。

李思安记得自己是第三个上台的，当时本来主张她来讲张敬尧火烧株洲的罪行，因李思安讲话不喜欢受限制，她要求不出题目讲话。毛泽东一口答应了她，道：“那好吧，你随便讲。”

在台上，李思安发了一通议论，历数张的罪行；在台下，好多人流下了眼泪。

1951 年毛泽东接见李思安的时候，还谈及此事：

“你还记得那次在新华门坐冷板凳吗？”

“你还记得那次在湖南会馆讲话时，慷慨激昂，义愤陈辞吗？”

李思安当然记得。她还记得，1920 年 1 月 28 日上午，湖南公民请愿团、湖南教职员代表团、湖南学生代表团举行了“驱张”示威游行，参加的人很多，队伍前列高举揭露张敬尧罪行的大牌子，大牌子上写着“祸国害民的张敬尧”“贩卖鸦片的张敬尧”“请政府速即撤惩张敬尧”“代表三千万湘民请命”等40多种标语。同行的同志还将在武汉拍摄的张敬尧卖鸦片的照片拿出来示众。队伍浩浩荡荡向新华门挺进。

新华门前岗警林立，荷枪实弹，如临大敌，双方相持达3个多小时。终于，有人走出来了，宣称可以派代表进入。三个团体公推代表两人：湖南公民代表是毛泽东、张百龄；教职员代表是杨遇夫、罗教铎；学生代表是李思安、柳敏。见到了国务院王秘书，杨遇夫当即声色俱厉，拍桌打椅质问他：“湖南学生离乡背井，来这么多人，你们为什么不接见？湖南闹得这么凶，你们为什么不解决？”秘书长顿时哑口无言。代表们声明非见靳总理不可。那位王秘书无奈之下，只得假惺惺地摇动电话，说是四处寻找靳云鹏总理，没找到人。

两个小时后，代表们出来向众人说了情况，顿时群情大愤，决定赴靳云鹏私宅，寻找靳氏。大部队经北长街、景山，至棉花胡同靳宅，靳云鹏果然在家，不好回避，最后派了副官于化龙接待。代表们将张敬尧的罪状呈给了于化龙，并且表述了代表们来京两个月，衣不足、饭不饱，在寒冬里已冻伤不少，所求者仅仅是请政府惩撤万恶滔天的张敬尧。于化龙进入内室，与靳云鹏商议了片刻，回复说：“明日召开国务会议，将湖南问题提出讨论，这是靳总理负责的话。”代表们要求尽快作答，于化龙允诺一个星期内答复。请愿团这才将口号、旗子等一并交予于化龙，表达诚意和决心。

一个星期过去了，湖南代表团再次来到棉花胡同靳宅，只见军警林立，刀枪晃动，大门紧闭，宅院无人。于是请愿团终于明白，这边也只是踢皮球而已，请愿这条路终究行不通。吃了这次闭门羹，代表们议论纷纷。有的激愤，似乎想破釜沉舟，决一死战。有的消沉，发怨气，认为这实在不是他们想做的政治运动。

毛泽东经此一役，终于明白了“呼声革命”是行不通的，相信北洋军阀本就是虚无缥缈的幻想。吃了这次闭门羹，他将“驱张”的重心转移到了以毒攻毒，利用军阀内部矛盾，迫使张敬尧滚出湖南的方向上。

当时，直皖军阀矛盾重重，驻衡阳的直系军阀早已不甘于屈居张敬尧胯下。直系军阀曹锟也有要撤退吴军的意思。毛泽东敏锐地看到了这一点。2月初，毛泽东和驻沪代表团团长彭璜、驻衡代表蒋竹如前往保定，向曹锟请求“设法解决湘局”。

曹锟见可以打击皖系，早就心花怒放，笑容可掬地说：“不急，不急，待我与吴军商量。”其实，他与吴佩孚早就在谋划这个事情，只是吴佩孚正在与南方的广州军政府讨价还价，想要得到一笔部队的开拔费。

毛泽东探查到了直系的底细，立即在景山东街中老胡同召开驻京“驱张”请愿团成员会议，商讨后决定结束在京的“驱张”活动，各驻京代表分别去衡阳、上海、广州争取地方上的“驱张”武力。其中，衡阳吴佩孚的武力是重点争取对象。新民学会驻京代表先后派了 3 拨骨干前往衡阳。

衡阳方面，一开始是陈宗汉任总干事，他抵达衡阳后，主要的精力集中在帮助衡阳学生恢复湘南学生联合会，当时夏明翰任学联主席。1920 年 1 月 19 日，湖南学生“驱张”请愿团联合湘南学生联合会，游行于街市，向吴佩孚请愿。吴佩孚亲自出来接见。学生们恸哭陈词，席地而坐，以示坚决。吴佩孚应允呈报，但十天过去了，仍没有音讯。后来，学生们又再次请愿，呼天唤地，几不欲生，仍旧未果。

不久，易培基、何叔衡又先后到衡阳，加强了驻衡“驱张”请愿团的领导力量。从北京抽调的骨干力量也相继到达衡阳。

蒋竹如和旅京湖南学联特派代表罗敦伟乘车到了株洲，下车后准备搭帆船往衡阳。蒋竹如清楚地记得，穿过株洲街心时，家家关门闭户，景象萧条，爆竹无声，彩灯息影，来来往往吆喝叫嚣的，尽是一些凶狠的军人。昔日繁华市容，不知消失到哪里去了。

蒋和罗踏雪走到江边，走了三里多路，才找到一只小篷船。逆水行舟，正月初五才到达衡阳。第二天，他们就联名写了一封信给吴佩孚要求会见。吴佩孚即刻派了人来约见时间地点。

见了吴佩孚，蒋竹如等说了一些刺激的话，要求吴早日撤兵，不再作张敬尧的保镖。

“我早有意撤兵，现在计划已定，舟车具备，只等上峰批准，即行开拔。”吴佩孚说道。

“假如上面不准呢?”蒋竹如追问。

“那也要走，我不再为张敬尧守门了。”吴佩孚看似主意已定。

易培基和何叔衡也两次求见吴佩孚，吴都给予了热情款待，并云：“撤防势在必行，为期当不远。”

吴佩孚当面承认种种，却迟迟不退兵，意在撤防费。何叔衡和易培基洞察到这个内情之后，何叔衡以同乡的关系致电在广州孙中山军政府做事的同盟会元老周震麟，请他出面为吴佩孚撤兵拨一些开拔费。

广州方面，旅粤新民学会会员钟秀及符狄梁、易巽等，邀请周震麟商议“驱张”，请求广州军政府武力助湘民“驱张”。加上何叔衡的来信，周震麟随即与广州军政府交涉，支援驻郴州的湘军林修梅部的武器。林修梅首举义旗，出兵“驱张”。

常德方面，有徐庆誉前往劝说“驱张”。徐信佛教，和军事头目冯玉祥有着共同的信仰。在驻常“驱张”代表团的劝说下，冯玉祥声援“驱张”，并筹款协助“驱张”学生，还将张敬尧的两个走卒开除常德原籍，道是“永不承认此种败类为湘西公民”。

同时，舆论的造势也一刻不可懈怠。毛泽东在北京组织了一个平民通讯社，社址设在北京北长街99号。平民通讯社向全国各报刊发稿，稿子大多出自毛泽东和罗宗翰，大肆揭露张敬尧的祸湘罪行，求得全国各界的声援。1920年1月19日，由平民通讯社发稿，在上海《民国日报》公布的《呈控张敬尧十大罪状》，以铁一般的事实，佐证了“张毒祸湘，罪大恶极”。这份呈控是写给北洋政府大总统、国务总理的，上有湖南各界公民，诸如陈绍休、彭璜、毛泽东、朱剑凡、杨树达、罗宗翰、罗教铎、李凤池等人的署名。如此向全社会公开发表，显然起到了更好的舆论效果。

在上海，彭璜率领代表团主编《天问》周刊，作为湖南学生驻沪“驱张”代表团的刊物，揭发张敬尧的罪恶。

在长沙，夏曦、柳直荀开始崭露头角，编辑《驱张通讯》，油印散发，筹募经费，支持各地“驱张”代表团。

一时间，张敬尧在全国声名狼藉，真成了过街老鼠。在全国人民的声讨中，张敬尧已经身败名裂。

在各方面的压力下，1920年5月下旬，见风使舵的直系军阀吴佩孚开始北撤，经长沙去武汉。吴佩孚北撤一步，原在湖南的谭延闿、赵恒惕就前进一步，就这样，向张敬尧步步紧逼。张敬尧部队虽多，但很腐败，在舆论和军事的双重逼迫下，不战而溃。

6月11日，张敬尧带着皖系军阀从长沙仓促逃走。6月26日，张军全部撤出湖南，“驱张”运动取得胜利。

这一次由新民学会领导的反军阀的运动是湖南人民的大胜利。据统计，参加“驱张”运动的新民学会59个会员，后来参加共产党和社会主义青年团的有47名，其中共产党党员有21人。这为后来马克思主义在湖南的传播，为党的早期组织在湖南的建立，准备了干部基础。毛泽东审时度势，带领着这一批青年四处奔走呼号，终于主导了这一次伟大的胜利。

一群白面书生打败了手握重兵的大军阀，这真是件值得大书特书的事情。虽然“呼声”在军阀林立的黑暗势力面前显得有些弱小和苍白，但进步力量的团结却是不可小觑的力量。“驱张”运动的最终胜利，离不开运筹帷幄的智慧，离不开敢为人先的魄力，离不开精诚团结的合作，离不开坚持到底的决心。

拯救脑子的饥荒

张敬尧被驱逐出湖南后，毛泽东于1920年7月回湘，顿觉气象一新。只是自1912年到1920年，8年来湖南一直是军阀混战的角斗场，尤以北洋军阀为祸惨烈，湖南的精神文明亟待一次大调整。

离开上海之前，毛泽东就收到了新民学会坚守长沙的会员周世钊、陈书农等人的信。他们催他回湘，主办一切。周世钊在信中态度诚恳：

> 此时湘局略定，可贺！惟因建设的事千头万绪，亟待进行。吾兄平时素抱宏愿，此时有了机会，何不竭其口舌笔墨之劳，以求实现素志之十一？相知诸人，多盼兄回湘有所建白。

收到周世钊的信的同时，毛泽东也收到了另一封信。那是易礼容从武汉给他写来的，标题就叫《致毛泽东、彭璜信》。信中内容情真意切，字里行间中尽显这个青年对湘局重整的思虑和想法。临近结束的时候，易礼容这样写道：

> 我觉得你们急急要回到湖南去，采一种最和平、最永久的法

子，造成一个好环境，锻炼一班好同志。（中略）我是一个没有十分觉悟的人，上面的话，不过就我的直觉，推论几句，你们若以为中肯，请将你们的计划，尽情告我，使我放心。若以为尚有可采之处，则请再进一步讨论如何实行。

看完了信，毛泽东露出了满意的笑容，他认为“礼容这一封信，讨论吾人进行办法，主张要有预备，极忠极切”。他认定易礼容是个知己。本来，他还忧心忡忡，深知重整湘局需要人才。可是当时的新民学会第一批骨干会员中，很多中坚力量去了法国，留守长沙的只剩何叔衡、陈启民、周世钊、陈书农、熊瑾玎这五位中坚骨干。毛泽东明白，要改造湖南，传播新文化，急需增添骨干力量。针对这封信，毛泽东写了一段文字：

我觉得去年驱张运动和今年的自治运动，在我们一班人看来，实在不是由我们去实行做一种政治运动……彻底言之，这两种运动，都只是应付目前环境的一种权宜之计，决不是我们的根本主张，我们的主张远在这些运动之外……

“去找易礼容！”写罢，毛泽东暗暗下定决心，决定返湘途中转走武汉，找易礼容一起回湘。

毛易二人相见，坦诚地聊了内心的一些想法，本都有意于湘局的整顿、文化的传播。“你跟我一起回湘吧！”毛泽东开门见山地说。这与易礼容的想法不谋而合。他接受了毛泽东的建议，终止了大学生活，收拾起行囊，二人一起踏上了回湘的路。

他们已经商议好了，准备回湘办一个文化书社。早在新民学会会务报告中，毛泽东就曾反复强调：要努力“创办文化书社”，“文化书社经济有效”，“拟注力文化书社之充实与推广”，创办文化书社一事已经在毛泽东心里酝酿多时。这次湘局既定，文化亟待复兴，办书社的机会千载难逢。

如何让文化书社合理又合法？这是摆在毛泽东和易礼容眼前的难题。商议之下，他们决定先拜访湖南各界名流，诸如姜济寰、易培基、朱剑凡、仇鳌、赵运文、龙兼公、张平子、杨绩荪、朱矫、李抱一、王正枢、王季范等人，争取取得他们的同意和支持，共同成为文化书社的发起人。易培基和姜济寰是谭延闿政府的实权人物，他们的参与自然会给文化书社披上合理合法的外衣。

1920年的8月2日，毛泽东召集了发起人在长沙楚怡小学何叔衡处开会，商议成立文化书社的问题。当时参加发起的除毛泽东、易礼容外，其他新民学会的会员诸如何叔衡、彭璜、熊瑾玎、陈章甫、陶斯咏、方维夏、罗宗翰等人，大多参加了这个发起大会。此时在法勤工俭学的蔡和森、罗学瓒、蔡畅、李维汉、向警予、熊季光等人，都赞成文化书社的成立。

发起会通过了毛泽东起草的《文化书社组织大纲》，大纲规定：

> 本社以运销中外各种有价值之书报杂志为主旨。书报杂志发售，务期便宜迅速，庶使各种有价值之新出版物广布全省，人人有阅读之机会。

很多人会好奇，文化书社的经费从哪里来？我翻阅了一些资料，可以大致确定文化书社是发起人捐资、社会赞助的公益事业。大纲的规定就是一个很好的证明：

> 本社全部财产为各投资人所公有。无论何人，与本社旨趣相合，自一元以上均随时可以投入。

8月20日，文化书社租定长沙潮宗街五十六号湖南湘雅医学校三间房屋作社址。由于该处太偏僻，营业间和街道又隔了一个空坪，不适合营业，后来搬迁至贡院西街11号。

书社创立初期，经济十分困难。易礼容经手向赵运文借款二十元才勉强维持了日常开支。由于没钱买铁炉子，易礼容就跟陈子博用黄泥小火炉，架着瓦钵做饭，这才撑持了一两个月。

为了积累资金、扩大营业，新民学会极力节省开支。在临时营业期间，易礼容、陈子博、李庠、萧光球等人不仅没有工资，还得自己掏腰包补贴社里。周世钊记得，当时只有两个营业员，而营业员的工资也极其微薄，实际只够吃饭。后在文化书社工作的又有许文亮、许文煊、唐自刚、王新梅、黄得志、唐升超等人，都只有生活费，没有工薪。

从筹备到开业，文化书社在泥泞中艰难起步，不到两个月时间，也就是9月9日，文化书社开张临时营业了。虽然由于资金缺乏，收集到的中外（译文）新文化书刊并不多，销售的书不到两百种，杂志四十多种，报纸只有几种。但当文化书社捧着一堆精神食粮放到“饥肠辘辘”的人们面前时，市场一下子火起来了。这些为数不多的书刊报纸几乎随到随销，远不足以满足当时买书人的需求。

人们对新思想的渴求比毛泽东预想的还要迫切，他又亲自写了一篇《发起文化书社缘起》送到报社刊登：

> 没有新文化，由于没有新思想；没有新思想，由于没有新研究；没有新研究，由于没有新材料。湖南人现在脑子里的饥荒，实在过于肚子饥荒，青年人尤其嗷嗷待哺。文化书社愿以最迅速最简单的方法，介绍中外各种新杂志，以充青年及前进的湖南人研究的材料。

很明显，这是《湘江评论》革命精神的继续，也是新民学会，特别是毛泽东想用新思想、新文化来启发、提高群众觉悟的一次实践。

陆陆续续地，湖南各界的文化名流带着满腔的热情和投资力量来了。至1920年10月22日第一次议事会止，姜济寰、左学谦、毛泽东、朱剑凡、易培基、陶毅、周世钊、易礼容、彭璜、陈书农、易礼容、何叔衡、匡日休等27人，共投资银圆519元。在这之后，又有一些人投入资金，两次共集资银圆692．63元。

文化书社的力量也随之壮大了起来，第一次议事会已经决定成立文化书社的领导核心，易礼容任经理，毛泽东任特别交涉员，聘请陈独秀、李大钊、恽代英等人为“信用介绍”，与全国各地书刊建立广泛联系。此时，社员36人，其中新民学会会员14人。基本上新民学会的得力人物就是文化书社的得力人物。

陈独秀、李大钊、恽代英这几位“信用介绍”一经被聘，就诚心地履行了职责。陈独秀介绍了上海商务印书馆、中华书局、亚东图书馆、泰东图书馆、伊文思图书馆、时事新报社、新青年社，免去押金。李大钊则介绍了北京新知书社、新潮社，免交押金。恽代英创办的武昌利群书社出版的书籍，优价供应文化书社。

众人划船力量大，书社总归有了一定的发展。1920 年至 1921 年春，书社与省内外书报营业关系达六七十处，营业范围也若满园春色开了花，种类繁多。到了 1921 年 5 月，根据《文化书社销售书目录》统计，已经有销书 161 种、杂志 50 种、报纸 4 种，全都是进步书报刊。文化书社把有限的资金用于选购马克思主义书籍，如《共产党宣言》《社会主义史》《阶级斗争》等。

这时期销售较多的书是《马克思资本论入门》《社会主义史》《新俄国之研究》《劳农政府与中国》《晨报小说》等；销售较多的杂志是《劳动界》《新青年》《新教育》《新生活》等；销售的报纸有《北京农报》和《时事新报》，每天达到四五十份。

此时的文化书社不仅在长沙办得风风火火，在湖南也可以说是遍地开花。在平江、浏阳、衡阳、邵阳、宁乡、武冈、溆浦等处都设了分社。长沙城内则在一师、楚怡、修业等校设置了代销处。

湖南各地的知识青年、革命工人和各界进步人士，谈及文化书社，多有过往来。就像一个风向标，文化书社在哪里，进步人士就朝哪里集聚。当时文化书社被人称道的特点有三：贩运迅速，购书便利，工作人员服务态度好。

文化书社以新民学会会员为骨干，团结了湖南文化界、教育界、新闻界的知名人士，政界、商界的社会贤士达 50 余人，当真成了联络各界的纽带。作为特别交涉员的毛泽东活跃在各界进步人士当中，为他后来的革命活动奠定了很好的“人缘”基础。

建党初期，文化书社成了党在国内外的秘密联络机关。党急需活动经费时，经常是由文化书社出面，向钱庄贷款以解燃眉之急。后来中共中央给湘区党每月 60 元的活动费用，也是经过日本邮局寄给文化书社，由易礼容保管和开支。在后来的革命运动中，文化书社的员工陈子博、李庠、许文亮、唐升超都为革命事业献出了宝贵的生命。

文化书社由于有广泛的社会名流支持，所以一直没有遭到破坏，经营到 1927 年马日事变时才被许克祥封闭。在它活动的这些年里，文化书社可谓“临危受命”，以新思想、新文化为支撑，孕育了一批永不泯灭的革命火种。

吹响教育的号角

如果说文化书社的创办是对湖南思想界的一次重大洗礼，那么，与此同时，亟待吹响的还有教育这只号角。1920 年 7 月 9 日，回到长沙第三天的毛泽东即给胡适去信，告诉他“湘自张去，气象一新，教育界颇有蓬勃之象”。

张敬尧统治期间，湖南教育界被摧残殆尽。毛泽东的家乡湘潭，久已怪状百出。早在 1919 年上半年，毛泽东就曾发起组织湘潭教育会筹备会。7 月，在选举正副会长时，遭到黄宗宪等人的破坏，致使湘潭县教育会筹划工作虎头蛇尾，被迫夭折。

这次回湘，毛泽东马不停蹄地找来了新民学会会员吴毓珍、陶毅、蒋竹如、刘修轶，湖南《大公报》主笔龙兼公、张平子以及在长沙的湘潭教育界人士马文义商议，欲求将湘潭的教育重整旗鼓。也趁机将知识界、教育界的先进知识分子团结起来，推动教育改革更进一步。

1920 年 7 月 25 日，他们在《大公报》报馆齐聚一堂。龙兼公兴致盎然，一口气提出了许多整顿教育的办法。毛泽东连连称赞，无不赞同。与会众人早就对颓败不堪的教育有整顿的意思，只是心有余而力不足。这次众人拾柴火焰高，在会上当即表态决定成立湘潭教育促进会，由毛泽东、龙兼公、吴毓珍、马文义担任章程起草员。

一把火烧起来了，就趁势烧得更旺一些。7 月 27 日，湘潭教育促进会成立了。这可真是应了一师附小的礼堂里毛泽东亲自题的那副对联：“世界是我们的，做事要大家来”。

教育要促进，先在普及，普及又在学校和教员。在湘潭教育促进会的代表大会上，毛泽东分析：湘潭要教育普及，至少要办国民学校 2600 所，就算每所学校教员一人，也要教员 2600 人。照现在造就师资的办法，再过千年也无希望。

“先事鼓吹，造成舆论！”毛泽东突然精神一振，“我们要办一份会报，成为舆论园地。”

众人先是面面相觑，紧接着都认为毛泽东的提议妙绝。1921 年 5 月 1 日，《湘潭教育促进会会报》问世了。在发刊词中，毛泽东单刀直入挑明：

湘潭教育腐败！凡是湘潭人，或是有到过湘潭稍微了解湘潭情形的人，乃至身在湘潭教育界自己摸粉笔擦黑板的人，几乎都有这样一个评语。

紧接着，毛泽东加以论述：

教育的真理就是“新教育”，就是“适合人性的教育”。会报本着这个宗旨，借文字之便，与各方面商量，以期共同解决这个湘潭教育问题，促进湘潭教育。

教育腐败就像是一块堵在落后与先进中间的顽石，国人无不想尽力搬去或是击碎这块顽石。《湘潭教育促进会会报》就像一根尖锐的针，刺在社会的心眼里，正中要害。舆论一起，国人纷纷响应，湘潭教育腐败问题大有缓解。

湘潭的教育只是湖南教育的一角，新民学会以及教育界众多进步人士深知，解决了一个湘潭教育问题，还远不能解决湖南教育问题。但是湘潭促进会的成绩给了大家莫大的希望。毛泽东串联湖南省教职员联合会、长沙市教师联合会发动全市千余名教师签名，要求教育经费独立，将盐捐划拨为教育专用款，组织教育经费管理委员会专司其职。

不过，在当时黑暗的中国，军阀鬼魅横行霸权之下，这个提议终究不可能实现。军阀赵恒惕的强加阻挠，朝知识分子的头上恶狠狠地泼了一瓢冷水。但是，以新民学会会员为首的一批知识分子为教育事业而努力争取的精神，却留下了一颗明亮的火种，一直为教育事业亮着。

安顿往俄与南洋

随着毛泽东与彭璜的回湘，一种新思想也被带入了潇湘大地，那便是马克思主义。苏俄劳农政府两次对华宣言，宣布废除帝俄时代对华的一切不平等条约，这使人们对苏俄产生了好感。夏曦、郭亮在湖南一师组织成立了长沙马克思主义研究社。在这一批忠实的马克思主义者的策划下，马克思主义很快渗透到这批朝气蓬勃的青年中。一时间，向俄国学习的风潮四起。

1920 年 8 月 22 日，俄罗斯研究会筹备会在长沙县署召开了，这是毛泽东、彭璜、何叔衡等人为留俄勤工俭学准备的宣传阵地。易培基报告发起该会的宗旨和研究俄罗斯的必要，指出重点研究俄罗斯十月革命胜利的原因。

方维夏接着发言："劳农政府的外交、内政、文化都有研究的必要，只是研究的工具语言文字——俄文，我们总要设法掌握才好。"

陈寿元举起一个笔记本，自豪地叫喊："我在上海遇见了俄罗斯劳农政府的代表（指魏金斯基），这是他与我的谈话记录。"

毛泽东提出了切实可行的意见，道："我的同学李中来信，陈独秀和俄罗斯来的一位朋友正在筹备外国语学社，拟定 9 月份开学，李中、李启汉已报名参加，并在协助陈独秀筹划这件事。"

何叔衡则宣读了《俄罗斯研究会简章》，大意是：本会以研究俄罗斯一切情况为宗旨，以研究俄罗斯"平等的哲学思想"——布尔什维主义，同时注重"国交上面"，即以苏俄劳农政府对华宣言为基础，研究苏俄的对外政策，促进中俄建交。此外，俄罗斯研究会还要组织青年留俄勤工俭学，派人赴俄实地调查作为研究会的基本任务。

9 月 15 日，俄罗斯研究会成立会在文化书社召开，姜济寰任总干事，毛泽东任书记干事，彭璜任庶务干事。拟发行俄罗斯丛刊，推进对俄的研究。

在俄罗斯研究会发表的研究成果中，最深刻的文字当推彭璜的《对于发起俄罗斯研究会的感言》。他认为："和平的世界，是俄国人革命的目的。劳农的政府是俄人革命不可避免的手段，也是全世界革命必经过的阶段。"

俄罗斯研究会成立不久，第一批留俄的学员就于 9 月赴上海外国语学社学习俄语。该学社学员最多的时候不达 50 人，其中湖南学员就有 22 人。任弼时、萧劲光、刘少奇等就是从这里踏上了去苏联的路。

在新民学会向外发展的过程中，除了赴法、赴俄，还有一部分去了东南亚从事华侨教育，诸如张国基、李思安、萧道五、周敦祥、任培道等人。毛泽东每每相送时都会叮嘱出外会友取"世界主义"。

1920 年春，张国基去新加坡时，毛泽东到码头相送，与他握手分别时说："你们不仅要教好华侨的子女，而且要和当地居民合作，多多协助他们建国，达到世界大同。"11 月 25 日在给张国基的信中，毛泽东又深入阐述了"世界主义"的内涵：

> 惟弟对于湘人往南洋有一意见，即湘人往南洋应学李石曾先生等介绍学生往法的用意，取世界主义，而不采殖民政策。世界主义，愿自己好，也愿别人好，质言之，即愿大家好的主义。殖民政策，只愿自己好，不愿别人好，质言之，即损人利己的政策。苟是殖民政策，则无地可以自容，日本人便是一个例。南洋文化闭塞，湘人往南洋者，宜以发达文化为己任。兄等苟能在南洋为新文化运动，使国内发生的新文化，汇往南洋，南洋人（不必单言华侨）将受赐不浅。

同年 8 月，李思安去新加坡，新民学会会员在长沙周南女校举行欢送会，毛泽东又再三叮嘱，无论去法，还是赴东南亚，都应取"世界主义"。

毛泽东本来也有去俄国留学的想法，在给陶斯咏的信中，他就说得很明确。相对于法国，他们现在已经更倾向于引导青年去俄国学习：

> 彭璜君和我，都不想往法，安顿往俄。何叔衡想留法，我劝他不必留法，不如留俄。我一己的计划，一星期外将赴上海。湘事平了，回长沙，想和同志成一"自由研究社"，预计一年或二年，必将古今中外学术的大纲，弄个清楚，好作出洋考察的工具。然后组一留俄队，赴俄勤工俭学。

他还告诉陶斯咏，女子赴俄勤工俭学并无障碍，料想俄罗斯的女同志，必会特别欢迎。女子留俄勤工俭学会，继女子留法勤工俭学会而起，也并不是不可能的事。他说：

> 这桩事，我正和李大钊君等商量……我为这件事，脑子里装满了愉快和希望，所以我特地告诉你。

然而，随着革命形势的日益严峻，最终，他既没能去法国，也没能去成俄国，这不免成为一件憾事。此时的毛泽东在国内已然抽不开身，运动的号角在中国，特别是在湖南这片热土上一经吹响便不断引发热度。张敬尧被驱逐出湖南之后，和平呼声在湖南日盛。民众希望从此再不受北洋军阀的蹂躏和统治，而由湖南人自己来管理自己的事情。于是，湖南自治运动爆发了！

一条绝无希望的路

张敬尧被赶走后，谭延闿为防止直、皖、桂、粤各系军阀势力进入湖南，同时也为防止和缓和与湘军内部之间的争夺，利用民情，投机地宣布："湘人此次驱张，本湘人救湘、湘人治湘之精神，拟即采行民选省长制，以维湘局。"

在直皖矛盾激化的时候，毛泽东和彭璜就预测到了"驱张"运动必然胜利，改造湖南的问题应提到议事日程了。1920 年年初，毛泽东转战上海，在上海的日子里，他主要与彭璜、陈独秀商讨改造湖南联盟的问题。他们认为，先要组织湖南改造促进会，继而成立湖南人民自决会，最终实现湖南人民自治。

提议一经通过，毛泽东、彭璜、朱剑凡、汤松、章士钊、傅熊湘、曾毅、彭允彝、徐佛苏等人就以雷厉风行之势将诸事落实。不久，湖南改造促成会成立了，彭璜担任会长，会址设在上海法租界八仙桥永乐里全国各界联合会内。紧接着，湖南改造促进会拟定了《湖南建设问题条件商榷》，提出了废督、裁军、自治、教育、实业等六项设想。毛泽东笑称这是"支支节节的向老虎口里讨碎肉"。

当时，毛泽东常去霞飞路花园里 277 号《天问》周刊社找彭璜研讨"驱张"后湖南的自治。这期间，他在《天问》上面刊发了一系列文章，他的观点再明白不过，矛头直指一处：中国的出路必须是推倒帝国主义的走狗——南北军阀的统治。

事实证明，毛泽东的判断是极有先见的。"驱张"运动胜利后，湖南迅速地被有些别有用心的人钻了空子。谭延闿和赵恒惕这些湘系军阀披着

“湘人治湘”的外衣，实质上是想用湘系军阀代替北洋军阀对湖南进行统治，换汤不换药。有些糊涂人一时被披着羊皮的狼蒙蔽了双眼，附和这种谬论。

谭延闿提出“湘人治湘”之后，又冠冕堂皇地给湖南人民许下了一些言论自由、思想自由、出版自由的诺言。毛泽东和新民学会骨干会友认为这是千载难逢的机会，正好利用谭延闿“湘人治湘”的口号，以子之矛，攻子之盾，真正实现湖南人民自治。毛泽东在《大公报》开辟了一个叫作“湖南建设问题”的专栏，提出了建设“湖南共和国”的观点，以期建立一个注意全体人民的福祉，至少也要谋大多数人的福利的、人民自动自治的“湖南共和国”。

“湖南共和国”是一个惊世骇俗的提法，一时间，长沙乃至全省出现了几种声音。拥护者歌颂他们有胆识有创造性；不理解者说他们是怪人讲怪话；反对者谩骂他们怪物讲蠢话，是分裂主义。为了说服不理解者，回击谩骂者，毛泽东在短时间内发表了15篇文章，从各个方面阐明湖南人民自治运动的发展历史必然和意义。

毛泽东、彭璜等人始终强调“自治”是人民的自治，不是外省人来治，也不是本省的少数特殊人来治。湖南的自治是要组织完全的乡自治和完全的省自治，乡长民选，县长民选，省长民选，由人民自己选举靠得住的人来执行公役。

1920年6月23日，湖南改造促进会又提出“建设自治”。主张废督裁兵，建设民治，希望谭、赵“亦自认为平民之一，往后举措，一以三千万平民之公意为从违……钱不浪用，教育力图普及，三千万人都有言论出版之自由……”毛泽东归纳这个运动的总方针和口号是：由湖南革命政府召集湖南人民宪法会议制定湖南宪法以建设新湖南。

毛泽东在《湖南人再进一步》一文中也说得很明白：“驱张”的目的，不能只停留在驱逐一个残暴的张敬尧，还要努力做废督裁军的运动。毛泽东大声疾呼：

> 湖南人有驱汤乡铭，驱傅良佐，驱张敬尧的勇气，何不拿点勇气把督军废去？湖南人素来有一点倔强性，反抗性和破坏性，可惜太缺乏了一点建设的才。假如这回又把好机会轻轻逸过，那

真是冤枉极了！……我愿湖南人望一望世界的大趋势，并想一想八九年来自己经过的痛苦，发狠地去干这一着。

按照先前的思路，下一招棋该往“湖南人民自决会”上走了。湖南人民自决会一经成立，毛泽东等人就抛出了掷地有声的《湖南人民自决宣言》，字里行间仿若携枪佩刀，对反动势力摆出杀气腾腾的气焰，宣言称：

湖南的事，应由全体湖南人民自决。赞助此自决者，湖南人之友，障碍此自决者，湖南人之仇。

当时，对湖南自治根本法——湖南宪法的起草存在意见分歧。有人主张由省政府起草，有人主张要省议会起草，各种说法不一。于是，毛泽东、彭璜、龙兼公三人起草了《由“湖南革命政府”召集“湖南人民宪法会议”制定“湖南宪法”，建设新湖南之建议》，连续刊载在《大公报》上，征求各界意见。

建议书刊登后，毛泽东和彭璜立刻组织了“改造湖南联盟”，要求每个新民学会成员发动10人参与联盟签名。联盟以新民学会会员为核心，联络其他各界400余人组成。

又鉴于彭璜在长沙学生中威望极高，只要他振臂一呼，学生们便会倾巢出动。省学联决定以彭璜为首，召开省城各团体各报馆代表联席会议。会上，代表们一致决定推举毛泽东、龙兼公起草以湖南省城全体市民名义呈省长的请愿书，双十节的时候由彭璜组织集体游行请愿。

趁着民意已经沸腾，毛泽东准备再添一把火，一篇《为湖南自治敬告长沙三十万市民》的文章见诸报端，他在文中大声疾呼：

西方各国的政治改革和社会改革，无一不起于市民运动。湖南自治运动能否成功，首先决定于长沙三十万市民。市民们行动起来啊！

10月8日，各界建议人400余人集合在教育会坪，召开湖南人民宪法会议，毛泽东被推举为大会主席。代表有436人在《由“湖南革命政府”

召集“湖南人民宪法会议”制定“湖南宪法”，建设新湖南之建议》上签名。龙兼公宣读了他们起草的《湖南省城全体市民请愿书》，毛泽东宣讲了《湖南人民宪法会议选举法和组织法要点》；这两个文件和《湖南改造促进会复曾毅书》实质上是新民学会在湖南自治运动中的施政纲领。方维夏、陶毅等15位作为大会选出来的代表，负责将文件送交谭政府。

谭延闿素有八面玲珑的“水晶球”之称，收到代表送来的文件，他满面春风地对代表们说：“诸君所言，兄弟很表赞成。兄弟就以诸君请愿书为根本，即日函知各团体进行商议。”

10月10日，一场声势浩大的万人游行示威活动在长沙城轰动一时。秋雨绵绵，空气中弥漫着萧瑟的微寒。工人、学生、教师、新闻记者和市民万余人，举着旗帜，冒着雨向省教育会坪集合。他们没人打伞，似乎想淋着这秋雨以表决心。

第一师范、明德中学、第一联合中学、周南女校等学校的师生高举“湖南人民自治”“反对湘人治湘”等旗帜，走在前面。甲种农业学校的学生打着赤脚或只是穿着草鞋，好像要与作恶的天气斗争。湖南第一纱厂、湖南黑铅炼厂、湖南电灯公司、光华电灯公司的产业工人，长沙泥木、人力车、码头的苦力工人走在学生的后面，作为游行队伍的中坚力量。长沙各报社新闻记者、商民、市民走在后列。彭璜报告游行请愿意旨，唐耀章宣读请愿书。读后，会场响起了暴雨般的掌声。葛光运宣布游行路线，上万民众就像拉开了闸门的洪水，势不可挡。游行队伍向省政府和省议会进发，第一师范的学生走在队伍最前列，高呼“打倒旧势力”“解散省议会”“建设新湖南”等口号。

省议会的院落里，旗子仍在雨中飘扬。队伍行进至此时，一位身着绅士服、嘴叼大烟的议员，指挥着站岗的警卫阻挡游行队伍进入省议会院落。这种行为惹怒了万千游行者，有人怒吼：“‘过去之客’怎么要常据‘不散之筵’，还要包办制宪?”庞大的游行队伍蜂拥而入，有人怒发冲冠，将省议会的旗帜降了下来。有些人冲到了办公楼，扯下了那些无聊的和吹牛的对联和匾额。

这次对省议会的冲击，对军阀指派的那些地主豪绅的斗争，把湖南人民自治运动推向了高潮，吓慌了统治者们。

游行队伍继续行进至总司令部，“水晶球”谭延闿迈着八字步走了出来，摆出一副诚恳老实的样子，对众人说道："诸君到此的意思，我已明白了。湖南自治，亟需进行。昨天已有15位代表到我这里，我已允许即行召集人民宪法议会。诸君的要求，我一定照办。"

"希望总司令在2个月内召集人民宪法会议，5个月内完成制定宪法。"请愿代表针对谭延闿的讲话提出了要求。

"要按照《湖南人民宪法会议组织法选举法要点》办事，万不可由省议会包办。"言毕，代表将请愿书交给了总司令谭延闿。

谭延闿皮笑肉不笑地说："大众意思很好，我一定采纳。希望诸君保守秩序，为湘人表率。"

队伍这才散去，满心期待地等待着政府的决定。10月21日，谭延闿假惺惺地召开了各公团联席会议。他御用的湖南自治期成会等六个团体操纵会场，提出仍由省议会起草宪法，并强行要求表决。毛泽东和龙兼公代表制宪请愿团和报界联合会，声明不参与表决。至此，这次要求湖南自治的请愿，可以说失败于谭延闿赤裸裸的操纵之下。

后来，谭延闿被赵恒惕赶出湖南，赵利用"湖南独立"运动来达到他自己的目的。他假装拥护独立运动，鼓吹中国联省自治。但这完全是统治阶级的另一种欺骗政策，赵夺取政权后，原形毕露，背叛了自己所支持的一切主张。

最终，湖南人民争取自治的方法归于失败。正如《湖南全体学生终止罢课宣言》里警告人们的一样：凡事须靠自己，不再做无谓的周旋，向老虎嘴里讨食。

湖南人民自治运动失败是必然的，湖南自治运动的纲领"要求实行男女平权和代议制政府""废督裁兵"，这些要求在帝国主义和封建军阀联合统治的中国是行不通的。不过这样的失败，对毛泽东等人思想的变化是起到了重要助推作用的。毛泽东后来回忆说：

> 我越来越相信只有通过群众的行动确立起来的群众政治权力，才能保证有力的改革的实现。

同时，他在致向警予的信中也指出：

政治改良一途，可谓绝无希望……唯有不理一切，另辟道路，另造环境。

这条另辟的道路其实随着“驱张”运动和湖南人民自治运动的发展已经初见端倪。

第四章　与信仰谈一场爱恋

由“革新学术，砥砺品行，改良人心风俗”到“改造中国与世界”，思想的发展，本就没有捷径可走。实践的一个个跟头，总归会是思想的一次次飞跃。所幸，青年们循着实践踩下的脚印，睿智地找到了精神所向的归途。与此同时，青年的爱情结出了硕果，青年救国图存的探索也萌出了新芽。

你看中国今日所发生的问题，那〔哪〕一种能在现社会现制度之下解决？所以中国的社会革命，一定不能免的。不趁此时加一番彻底的组织，将来流血恐布〔怖〕自然比有组织要很〔狠〕些，有了强有力的组织，或者还可以免掉，所以我认为党的组织很重要的。组织的步骤：（1）结合极有此种了解及主张的人组织研究宣传的团体及出版物。（2）普遍联络各处做一个要求集会结社出版自由的运动，取消治安警察法及报纸条例。（3）严格物色确定党员，分布各职业机关，工厂，农场，议会等处。（4）显然公布一种有力的出版物，然后明目张胆正式成立一个中国共产党。

——摘自1920年9月16日《蔡林彬给毛泽东——共产党之重要讨论》

揭开神秘的面纱

1889年10月29日，在河北省乐亭县大黑坨村东街李家宅院，一个婴儿呱呱坠地，他就是李大钊，一个影响中国未来走向的人。爷爷李如珍抱着自己的小孙儿，爱不释手，情不自禁地喊了声："憨头！"从此，李大钊有了自己的第一个名字。

然而，尚在懵懂阶段的李大钊就失去了他的至亲父母。从此，他成了这个世界的“孤儿”。不过幸运的是，爷爷很疼他。从小，李大钊就比一般的孩子更坚强，思想更深刻。

在接受新式思想的熏陶之前，李大钊深受中国传统文化的影响。他认为孔子有三种存在形态：一为“实在的孔子”，即历史上真实存在的孔子；一为“历史的孔子”，即后人理解中的孔子；一为“世界的孔子”，即“实在的孔子”升华后的产物。李大钊对孔子的认识是客观而深刻的，这使得他没有像一些激进主义者一样，全盘否定自己的传统文化。

青年时期的李大钊，留学日本早稻田大学。留学期间，他遇到了恩师安部矶雄。安部矶雄早年曾经参加过日本早期的工人运动，是日本社会民主党的重要发起人之一。他翻译了《共产党宣言》一书，成为当时日本最为有名的社会主义学者之一。从某种角度来说，是安部矶雄最早将社会主义的理论引入到李大钊的思想中。日本作为西方与中国的中转站，影响了当时很大一部分先进的中国青年。在西式学堂，李大钊接触了许多思想，无论是资产阶级的改良主义，还是无产阶级的革命运动，李大钊都进行了仔细的研究。他的思想有一种“调和”的基调，这让他用一种宽容和冷静的心态去审视中外思想，试图找出一条真正适合中国的道路。

1916年，回国后的李大钊应汤化龙的邀请，创办《晨钟报》，《晨钟之使命——青春中华之创造》是他写的发刊词，也是他回国后写的第一篇文章，还是他创造青春中华的宣言。我认为哪怕是当代青年看了，都会觉得发人深省：

> 一日有一日之黎明，一稘有一稘之黎明，个人有个人之青春，国家有国家之青春。今者，白发之中华垂亡，青春之中华未孕，旧稘之黄昏已去，新稘之黎明将来。际兹方死方生、方毁方成、方破坏方建设、方废落方开敷之会，吾侪振此“晨钟”，期与我慷慨悲壮之青年，活泼泼地之青年，日日迎黎明之朝气，尽二十稘黎明中当尽之努力，人人奋青春之元气，发新中华青春中应发之曙光，由是一一叩发一一声，一一声觉一一梦，俾吾民族之自我的自觉，自我之民族的自觉，一一彻底，急起直追，勇往奋进，径造自由神前，索我理想之中华，青春之中华，幸勿姑息迁延，韶华坐误。

紧接着他又写了《青春一文》：

> 吾族青年所当信誓旦旦以昭示于世者，不在龈龈辩证白首中国之不死，乃在汲汲孕育青春中国之再生。吾族今后之能否立足于世界，不在白首中国之苟延残喘，而在青春中国之投胎复活。

写这些文章的时候，李大钊才27岁。“青春之中华”是青年李大钊发出的呐喊，提出的希望。这时候的李大钊，正是一个风华正茂的青年。与其说他字字句句都在嘱咐中国青年一代该如何，不如说他是在要求他自己在当下的社会当如何。在短短38年的生命中，他可以说绝对没有“韶华坐误”。

1917年，俄国十月革命一声炮响，开辟了一个新纪元。带着从早稻田大学接触到的社会主义思想，李大钊回到中国，成了马克思主义在中国的第一个传播者。很快，他写了《法俄革命之比较观》，将俄国革命的火种播撒到了中国大地。他在文中强调：“俄罗斯之革命是二十世纪之革命，是立于社会主义之革命。”他将十月革命与法国的资产阶级革命进行对比，认为二者都预示着一个新时代的到来。法国革命预示着资本主义时代的到来，而俄国革命预示着社会主义时代的到来，是“世界的新文明之曙光”，是正义的充满人道主义的革命。

李大钊接连写了《庶民的胜利》《布尔什维主义的胜利》。他热情地讴歌：“人道的警钟响了！自由的曙光现了！试看将来的环球，必是赤旗的世界。”这时，李大钊已经明显地倾向于马克思主义和社会革命。

紧接着，李大钊在北大发起并创建了颇具影响力的学生社团——少年中国学会。李大钊曾殷切地希望将该会的宗旨改为马克思主义，由于种种原因，最终未能实现。他最终将学会的宗旨定为“本科学的精神，为社会的活动，以创造少年中国”。

1918年秋，毛泽东为组织湖南青年留法勤工俭学，第一次到了北京。在北大图书馆，他接触到了李大钊。两人初次见面，李大钊就对这个比自己小四岁的年轻人由衷地喜爱。两人你一言我一语，聊得十分投机，颇有相见恨晚的感觉。在李大钊的帮助下，毛泽东成了北大图书馆助理员。

毛泽东还经常去旁听哲学系和新闻系的课。毛泽东也十分刻苦，遇到不懂的问题便去向教授们请教。李大钊对这个上进的青年十分关心，热心地解答他的疑惑。

在图书馆里，两人常常在一起畅谈古今，很快成了挚友。李大钊关于社会革命和马克思主义的新思想，以及他对中国问题的见解，都在冲击着毛泽东的思想，在他的思想领域浓墨重彩地印上了一笔。

毛泽东回顾这次到北京与李大钊的初步接触：

这时，我对政治的兴趣越来越大，思想越来越激进。

后又补充：

我在李大钊手下担任国立北京大学图书馆助理员的时候，曾经迅速地朝着马克思主义的方向发展。

不久之后，为“驱张”运动，毛泽东带领新民学会的会员又一次来到北京。一到北京，他就迫不及待地去北大看望李大钊。这次，李大钊向他介绍了许多中文的共产主义文献和俄国革命的书籍。也是在这个时期，毛泽东读到了《共产党宣言》，开始确立对马克思主义的信仰。当时，毛泽东住在一间偏僻而狭窄的房间里。黎锦熙记得，1920 年 1 月 4 日，他去北京北长街 99 号平民通讯社看望毛泽东时，毛泽东正坐在福佑寺大殿正中香案后，那是一张很长的香案，左边是平民通讯社的油印机和他自编自刻的通信稿件，右边是一堆关于社会主义的新书刊，其中就有《共产党宣言》。

这本《共产党宣言》油印本大概是罗章龙从德文本翻译的全译本。在这以前，毛泽东只可能看到 1919 年 4 月 6 日《每周评论》第 16 期上刊的《共产党宣言》第二章属于纲领的那一段，以及 11 月 1 日出版的《国民》杂志刊载的《马克思和恩格斯共产党宣言》第一章。这次可以看到全译本，他的思想又受到了一次全面的启发。

思想渐渐倾向于马克思主义信仰的毛泽东也常常参加北京的进步团体的活动，比如曦园、辅仁学社的活动等。曦园是五四运动中北京大学学生骨干组织的，随着五四运动的深入，其中一部分人转向了马克思主义研究。

在李大钊的组织下，1920 年 3 月，北京大学学生又成立了马克思主义研究会。北大马克思主义研究会得到校长蔡元培的支持，蔡校长拨出北大西斋宿舍——景山东街马神庙内的两间宽敞的房子，作为活动场所。他们给这两间房子取名“亢慕义斋”，“亢慕义”是德文译音，意思是“共产主义”，“亢慕义斋”意即“共产主义小屋”。

“亢慕义斋”墙壁正中挂有马克思像，两边贴了副对联：出研究室入监狱，南方兼有北方强。前一句是陈独秀的名言，后一句是李大钊的诗句。李大钊称南方人为南方之强，邓中夏、罗章龙等人又颂扬李大钊是北方之强。李大钊将两者合二为一，意即南北团结，同心同德。屋内还有两句口号：不破不立，不立不破。这是当时北大校园学派纷呈、思想各异的写照。

毛泽东第二次到北京期间就经常到“亢慕义斋”去找罗章龙、邓中夏等人讨论“驱张”运动和湖南的社会改造。罗、邓二人常跟他介绍马克思主义和俄国十月革命。毛泽东由此也了解了很多俄罗斯的情况和马克思主义的思想。

1920 年元月，李大钊介绍毛泽东参加了少年中国学会，那是五四期间历时最久、会员最多、分布最广、分化也最明显的全国性进步团体。这个学会集中了当时全国青年中的精英，常常举办讲演会，毛泽东有会必去。

关于这段日子，毛泽东后来有所回忆：

> 我第二次到北京期间，读了许多关于俄国所发生的事情的文章。我热切地搜寻当时所能找到的极少数共产主义文献的中文本。有三本书特别深刻地铭记在我的心中，使我树立起对马克思主义的信仰。我接受马克思主义，认为它是对历史的正确解释，以后，就一直没有动摇过……

对于李大钊对自己的影响，毛泽东在 1949 年的回忆中如此说道：

> 在他的帮助下，我才成为一个马克思主义者……他是我真正的老师。没有他的指点和指导，我今天还不知道在哪里呢。

李大钊算得上是引领毛泽东走向马克思主义的第一人，是他揭开了马克思主义的神秘面纱。从此，这股赤焰渐渐改变了中国的模样。

孜孜不倦的追求

另一个对新民学会的青年们树立马克思主义信仰起到特殊作用的人物非陈独秀莫属。1920年年初，毛泽东来到上海，找到彭璜。除了商议“驱张”和湖南自治的问题外，他们还做了两件重要的事情，一为拜访陈独秀，一为拜访魏金斯基。

那时，陈独秀住在上海云霞飞路老渔阳里2号。在上海的那两个多月，毛泽东以拜师的姿态，携彭璜、李思安多次拜访他。

“去年在北京听取你对社会问题的精辟见解，我受到很大的启发。你在倡导‘科学’与‘民主’上有至高至坚的精神，可是当之无愧的思想界的明星呢。”毛泽东见了陈独秀，言语间都是敬佩之意。

陈独秀笑了笑：“过奖了。”

“我回湖南后，办了一个《湘江评论》，就是以你倡导的‘科学’与‘民主’为指针。宣传新文化，新思潮。只可惜，被张敬尧查封了。”毛泽东接着说。

“《湘江评论》我看了，办得很好。在全国，尤其是华南有很大的影响啊。往后有机会还可以办。”陈独秀插话。

毛泽东又说了自己在北京的情况：“我在北京的时候读了许多俄国情况的书，我搜寻了能找到的为数不多的用中文写的共产主义书籍。”毛泽东这里所指的“共产主义书籍”可能是罗章龙等人从德文版翻译的《共产党宣言》油印本。

陈独秀告诉毛泽东，陈望道翻译的《共产党宣言》全译本已经译完，他说自己已经校阅，交了青年社出版，大约到8月份可以与读者见面。“这是根据日文本和英文本全译的，我和李汉俊又依据俄文本作了校对，是比较准确的，出版后给你们寄来。”

毛泽东连连道谢，又说自己对马克思的《资本论》第一卷进行了解读，读来很有兴味。陈独秀似乎感觉找到了一个知己，愈发侃侃而谈：“《资本论》的研究对象是资本主义生产方式以及和它相适应的生产关系。这本书的最终目的是揭示现代社会的发展规律。”陈独秀又一口气详细论述了《共产党宣言》的内容，毛泽东听得入了神。

“邵飘萍著的《综合研究各国社会思潮》《新俄国之研究》我也看了，介绍十月革命以后的情况，令人向往。中国能否走十月革命大道路，还要看实践。”毛泽东接着说，“我想，驱逐军阀张敬尧后，湖南先要废督裁军，实现湖南人民自治。诚如你在《除三害》一文中指明的，‘中国有军人害、官僚害、政客害。要除去三害，国民要有参预政治的觉悟，社会中坚分子要挺身而出，组织有政见的有良心的依赖国民为后援的政党，来扫荡无政见的无良心的依赖特殊势力为后援的狗党。’我很赞成你的主张。我打算回湖南发动湖南人民自治运动，以便创造一个较好的环境，好在较好的环境下干我们的事业。”

陈独秀沉思了片刻，说道：“湖南人民受军阀蹂躏较其他省惨痛，社会各阶层都对督军制度有反感，尤其是工人农民。我们吃的粮食，穿的衣服，住的房屋都是劳动者做的。社会上有各种人，唯有劳动者才是社会的台柱子。”陈独秀又阐述了一些团结工人和提高觉悟的办法，着重点还是在宣传新思潮。

毛泽东、彭璜、李思安听了陈独秀的话，眼睛一亮，特别是提出了“工人是社会的台柱子”，越发觉得形象生动。他们异口同声地说：“我们回长沙，就将文化书社、工人夜学、自治运动搞起来。”

1936 年，毛泽东向斯诺讲了与陈独秀的这次谈话对他的影响：

> 第二次到上海的时候曾经和陈独秀讨论我读过的马克思主义书籍，陈独秀谈他自己的信仰的那些话，在我一生中可能是关键性的这个时期，对我产生了深刻的印象。

的确如此，1920 年五六月，毛泽东在上海的日子是他一生中“关键性”的时期，马克思主义信仰在他的心底已经扎下了坚不可摧的根。用毛泽东自己的话来说就是：

> 到了一九二〇年夏天，我已经在理论上和某种程度的行动上，成为一个马克思主义者，而且从此，我也自认为是一个马克思主

义者了。

正是毛泽东与陈独秀交流马克思主义观点的时期，上海来了位远方的客人。他叫魏金斯基，是共产国际远东书记处主席团成员、俄共（布）中央委员会远东局代表。这次来中国，他是受俄共远东局的派遣，同中国革命组织建立联系的。他早已见过了陈独秀、李大钊等人，并且与他们多次商讨在中国建立共产党组织的问题。这时，毛泽东、彭璜、李思安正好在上海，有机会拜访魏金斯基。

对于这次拜访，彭璜有所记载。在彭璜的文章中，他称魏金斯基为“吴先生”。原来，魏金斯基到了中国取了个中文名字，叫作吴庭康。

魏金斯基向毛泽东和彭璜仔细地介绍了俄国十月革命。正是听取了他的经验，彭璜回到湖南发起了俄罗斯研究会。彭璜把十月革命道路上升为历史的发展规律，这在当时人们的认识上是与众不同的。由此，也标志着彭璜已经转变成了一个马克思主义者。蔡和森独具慧眼，看到了彭璜身上的特色，后来他向毛泽东建议以彭璜作为建党标兵也是不无道理的。

魏金斯基从一线带来的内容让毛泽东更加深刻地认识了十月革命。从魏金斯基处回去以后，他反复思考十月革命的意义，在领导湖南自治运动时，他写了段高度总结的话语：

> 列宁之以百万党员，建平民革命的空前大业，扫荡反革命党，洗刷上中阶级，有主义，有时机（俄国战败），有预备，有真正可靠的党众，一呼而起，下令于流水之源，不崇朝而占全国人数十分之八九的劳农阶级，如斯响应，俄国革命的成功全在这些处所。

不仅毛泽东、彭璜等人对俄国十月革命的认识越来越深刻，在中国，另一批仁人志士也在思考这个问题，并且准备将思想付诸实践。

在上海访问魏金斯基的时期，陈独秀正在积极筹备建党。1920 年 6 月，陈独秀、俞秀松、李汉俊、陈公培等人在老渔阳里 2 号陈独秀家里开过两次会研究成立共产党的问题。

7 月初，毛泽东、彭璜准备离开上海时，还特地去跟陈独秀告别。他们详细地谈了回湘后的打算，包括准备成立文化书社、成立俄罗斯研究会、组织湖南人民自治运动等计划。陈独秀很是赞赏，他向两位热血青年透露，说是共产党上海发起组已建立。

“你们的计划如能实现，也是建党的最好准备。”陈独秀肯定地说。

毛泽东和彭璜很激动，当即坦言：“我们也想在这些工作的基础上，在你的指导下，再着手建党。今后还有许多事情请你多指导。”

陈独秀点点头，说：“多联系。”

也许从这时候起，湖南就被列入了陈独秀的组党计划。

剪取吴淞半江水

毛泽东第三次到上海的那段时间，半淞园是一个不可不提的地方。1920年5月8日，毛泽东与新民学会会员来到半淞园，欢送即将赴法勤工俭学的陈赞周、萧三、熊昆甫、刘望成、欧阳玉生、张百龄六位会员。半淞园以水为主景，取自唐代大诗人杜甫“焉得并州快剪刀，剪取吴淞半江水”的诗句。

这天，毛泽东、陈绍休、熊光楚、萧三、张怀、魏壁、劳君展、周敦祥、刘明俨、欧阳泽，加上上海的彭璜、李思安共12个朝气蓬勃的年轻人迎着暮春初夏的斜风细雨，将身影写意在半淞园的亭台楼阁中。

入园后，青年们先是驾舟游湖，后又登山望远，淞江绿草碧波，令人心旷神怡。正当大家兴致盎然时，李思安呼唤道：“我们还是选取个地方坐下来谈谈吧，我手里还有几包点心哩！”

毛泽东接过话：“我这里还有一瓶美酒。”

魏壁逗趣道：“我们不喝酒的喝什么？”

毛泽东幽默地说：“这次没有打你们几位的米哩！”

萧三打趣：“下次欢送会，润之兄就会请你们到申沪大酒店啦！”

彭璜笑道：“你们就吃些奶汁吧，我这里还有几瓶牛奶，是为你们不喝酒的女朋友准备的。”

他们选择了一个安置有石凳石桌的亭子，挤着坐在石凳上。欢送会由李思安主持，大家彼此间讲了一些祝贺和期望勉励的话，之后又提出了学会发展、会友联系、会务活动等问题，一聊就聊到了黄昏，仍意犹未尽。

送别会变成了一个讨论会，天晚，继之以灯，但各人还觉得有很多话没有说完。

学会的态度修改为：潜在切实，不务虚荣，不出风头。毛泽东主张学会本身不多做事，但以各个会友向各个方面去创造各样的事。当时又对新民学会会员在巴黎人很多，是否设立分会的问题进行讨论，各会友态度莫衷一是。最后多数意见觉得没有设立的必要，因设立分会反而有分散会友团结之嫌。解决的办法，大家觉得可以在会友较多的地方，比如巴黎，组织学术谈话会，定期会聚。在国内的会友也深觉以前忙于各种活动，很少坐下来对各种学说作深切研究，主张以后凡遇会友三人以上，就要组织学术谈话会，交换知识，寻求真理，养成好学的习惯和风气。学会总归是要壮大的，吸收新会员的问题，大多数人觉得务必谨慎。最后讨论了几点条件：一是纯洁，二是诚恳，三是有向上奋斗的精神，四是服从真理。

是日，天雨，近览淞江半水，绿草碧波，望之不尽。会间休息时，参加会议的十二人在雨中拍照。历经岁月洗礼，这张合影得以辗转保存，在今天看来显得特别珍贵。

毛泽东根据会友的回顾，总结了学会的很多优点，诸如不标榜、不张扬、不求急救、不依赖旧势力；诸如头脑清醒，多数会友没有陈腐气，能容纳新思想，富于奋斗精神，会友间有互助和牺牲精神等。同时，他也指出了一些缺点，诸如学术根浅底薄，会友思想及行为幼稚，一部分会友做事多于求学，还有部分会友相互不认识，无亲切联络等。讨论时间很长，也足见此时新民学会会友的思想动态。

几天后，毛泽东与在沪会友赶到黄浦江畔洋泾法国码头，与萧子暲、陈绍休、熊光楚等六名会员握手挥巾，道别于黄浦江岸。半淞园会议的内容，由萧三在法国蒙达尼向会友传达，蒙达尼会议的内容又由萧三递回湖南。

1982 年萧三在回忆录《人老心不老，愿作老青年》中一语中的地说明了半淞园会议的意义：

> 经半淞园会议后，新民学会已初步孕育了“共产主义的胚胎”。

半淞园会议让后人更加系统地了解了新民学会的精神。他们当时所做的事情没有可复制性，但是精神却可以在任何时候都被学习、被应用。在采访赵丛玉主任的时候，她跟我讲述了新民学会的几个精神：敢为人先、敢于创新、向外发展、踏实做事。当然，新民学会的精神还远不止这些。所谓精神，是从实践中沉淀出的精华，传之不朽，功在千秋。

蒙达尼的争论

地点切换到远在千里之外的法国。此时的蔡和森通过几个月时间的猛看猛译，已经翻译出了《共产党宣言》《社会主义从空想到科学的发展》等著作和俄国十月革命及各国工人运动的资料。在翻译的过程中，蔡和森更加痴迷于马克思列宁主义的魅力，以至于到最后成了它的忠实信徒。由此，他根据中国国情整理出了自己的一套思路。蔡和森迫不及待地想要把这种好东西传递给国内的先进青年，特别是他的挚友毛泽东。不料，毛泽东竟先送了国内的信息来蒙达尼。

萧三的到来带来了半淞园会议的要旨，蔡和森和萧子升算了一下，到法勤工俭学的新民学会会员共有 19 人。他们一致觉得有必要开一次大会将在法国的这批会员集合起来。时间就定在 1920 年 7 月 6 日至 10 日，适逢此时蒙达尼公学已经放假了。

新民学会留法勤工俭学学生们从各地赶来，齐聚蒙达尼。他们不会想到，这次为期五天的大聚会竟成了新民学会的一个重大转折点，史称蒙达尼会议。

出席会议的有蔡和森、萧子升、李维汉、向警予、蔡畅、熊季光、熊淑彬、罗学瓒、张昆弟、陈绍休、萧三、欧阳泽、李富春、颜昌颐等共 20 余人。会议由萧子升主持。

萧三刚刚参加完半淞园会议，又受毛泽东的委托，故首先登台传达了半淞园会议的大致情况。说到后面，他将毛泽东欢送他们时所讲的话突出来强调："毛兄主张'世界主义'，立志'改造中国与世界'，先从改造中国，改造湖南入手。他已经与彭璜组织了湖南改造促进会，待到赶走张敬尧，他们便会在湖南从事人民自治运动。他希望在国外的会友利用勤工俭学的机会，努力学习外国革命经验和科学知识，同时帮助外国的工农大众。他认为改造社会，不限于本国本地，但要立足本国本地。因此，他准备留湘两年，为学会和他本人做些打基础的事业。”

蔡和森听了，很有同感，他说：“润之兄早有经纶天下之大经，立天下之大本的志向，准备留湘两年，做点社会改造的基础工作，这是很好的，是从长计划的基础事业。”

张昆弟沉思了一会儿，仿佛陷入了回忆。“改造中国与世界”，他记得毛泽东在“驱张”运动发动时就提议过，只是那时候没有提上议事日程，也未经会友讨论。这会儿正式拿到台面上来讨论，也算是火候到位了。

萧子升发言了：“我赞成‘改造中国与世界’为学会方针。我们原先的‘革新学术，砥砺品行，改良人心风俗’就包含改造社会的思想，只是强调储才蓄能，自我修养方面突出了些。”

张昆弟从回忆中收回了思绪，说道：“我觉得这还是有区别的。‘改造中国与世界’强调我们学会的目的是‘改造中国与世界’，下手处是从改造中国做起。这个方针的确定说明我们的团体是由学术团体转变为革命团体。”

李维汉深有同感，他补充道：“成立学会的时候，我们大多数人是学生，当时把学会性质定为学术团体，是符合当时的需要；现在我们多数会友走入了社会，有的已经从事革命事业，我们来法勤工俭学，也是为了寻求革命真理，学习外国的革命经验，学习外国的科学知识、建设经验。因此，新民学会的性质也应重新明确，由原来的学术团体正式改为革命团体。我双手赞成‘改造中国与世界’为学会方针。”

就“改造中国与世界”为新民学会的宗旨的提议，绝大多数人都是同意的，认为比之前“革新技术、砥砺品行、改良人心风俗”大大前进了一步。

“改造中国与世界”这个宗旨经过了一个怎样的酝酿过程？我请教了党史专家唐振南。他说：“‘改造中国与世界’在上海半淞园会议时已经有所阐述和表达。在毛泽东与张国基的信中，也表述得很明白。而真正作为口号提出来是在蒙达尼会议上。这个口号不是一蹴而就的，有一个发展的过程，要整体发展地去看待它。”

确定了世界观，那么方法论呢？萧子升提出了一个关键性的问题，他说道：“‘改造中国与世界’大家无异议。但采取什么手段和方法，走什么道路呢?”

蔡和森抢先发言：“我到法国后，看了法文报刊，大开眼界。近来，我对各种社会主义学说作了综合研究，觉察苏俄式的社会主义——马克思列宁主义真为改造现世界对症之方，将来中国革命也不能例外。”蔡和森还详细阐述了无产阶级革命的几种利器，包括组织共产党。

熊昆甫插话道：“和森兄的意思是不是在中国也要组织俄式的共产党呢?”

蔡和森即刻回答了熊昆甫的提问，道：“我以为现在就要准备，我们的同志可以去工厂做工人，联络工人。社会主义的必要方法，是阶级斗争——无产阶级专政。我认为社会主义是资本主义发展的必然趋势。”他侃侃而谈，谈到了无产阶级专政的必要理由。

“马克思说，阶级斗争不是他发现的，而是资产阶级启蒙学者早已阐明了的问题。他的贡献就在于把阶级斗争引申到无产阶级专政。”向警予用马克思自己说的话来补充蔡和森的主张。在这个问题上，向警予从来都是跟蔡和森站在同一条战线。蔡和森翻译马克思主义著作的时候向警予就给他当秘书，帮他抄，帮他写，有时候一写就是一个通宵。

萧子升不赞成蔡和森和向警予的说法，他认为世界的进化是无穷的，革命也是无穷的，不能激进。他说：“我不认为以一部分人的牺牲能换取多数人的福利。我觉得以教育为工具的温和的革命才是社会发展的长久之计。”他颇不认俄式——马克思式的革命为正当，而倾向于无政府、无强权的蒲鲁东式的革命，比较和而缓，虽缓然和。

蔡和森反驳道：“以教育为工具的革命，从改造人心入手，当然也是一种革命，是和缓的。但不知道哪一年才能把统治者与被统治者的思想统一起来。”

蔡和森从世界大势，声情并茂地分析：“我以为世界革命运动，自俄国革命成功以来，已经转了一个大方向。这方向就是无产阶级获得政权来改造社会。现在欧洲各国工人运动风起云涌，势不可挡，这是历史发展的规律。不懂的人以为这是以暴易暴。不知列宁和第三国际已经再三声明，无产阶级专政是由资本主义变到共产主义一个必不可少的方法。”

这时，李维汉已经看了不少有关无政府主义的书报，受这些书报的影响，他主张各自充分发展自己的个性，尤其尊重别人的人格。他认为社会的病，自有他形成的背景，对于任何一剂单方可医天下病的观点，持怀疑态度。他说："俄国式的革命，我根本上有未敢赞成之处，但不反对人家赞成他，或竟取法于他。"

讨论还在继续，争论也在继续。与会会友各执一词，难于统一。萧子升和李维汉建议成立"工学励进会"，要求大家在法期间互通信息，推行工读主义，主张无政府主义。而蔡和森和向警予却主张激烈的社会革命，颇认同俄式革命。

张昆弟建议，请萧子升将不同意见加以整理，寄给在国内的毛泽东、何叔衡、彭璜等会友，看看他们的见解。除此之外，也没有更好的办法能平息这样无止境的争论了。会友们一致赞成这一做法。

萧子升将会议内容引向学会的其他事宜上。他首先表态："我接受上海半淞园会议定下的'潜在切实，不务虚荣，不出风头'的态度。至于学会组织讨论会，我觉得会友暂时可分三部分同居一处，这样也便于组织学习讨论。"

子升的建议正合了大家的意。李维汉率先表态："我搬到蒙达尼来，可以请教和森兄。"

蔡和森说："居住在一起时，大家学习也要有分工。分工阅读报刊和书籍再交流讨论，可以收到事半功倍的效果。我正在阅读《人道报》《共产党》月刊、俄事评论，以及其他有关的小册子，很希望跟大家一起来讨论。"

李维汉接过话题："我正在看《合作社原理》，如若不病，还可直译，供大家参考。合作主义者办有一种周刊，《合作书局》出的小册子有上百种，赞周兄对此有兴趣，可以看这类书刊。"

萧三自告奋勇："我愿担负看日报、看新闻的工作。还有将大家的学习成果向在国内的会友通报。"

欧阳玉生说："我愿承担搜集第二国际、第三国际、社会民主党的出版物。"

向警予也不甘示弱，代表女会友站起来表态："妇女半边天，关于妇女报、妇女声的周刊，包在我们几个女会友身上。"

会员们自己给自己分配了一通任务之后，讨论会进入高峰，也是一个号称“最有味”的环节——“个性批评与介绍”。对此，萧子升在致毛泽东的信中作了总结，恰如其分、生动活泼地形容了每个人的个性：

> 和森坚强防僻；昆甫须去寒士气；赞周分析力强，须防无条理；子暲活泼有孩气；芝圃严正防简单；和笙精细；荣熙宽厚而官能欠灵动；子升周到有条理，防狭隘；警予温良防躁急；季光从容不迫；叔彬自信力强，欠灵动；咸熙颇强固；玉山温和，但有女性。

看过这封信的陈书农、李思安啧啧称赞，道是这些评语符合各人的个性、特长和不足，怎一个妙字了得。

蒙达尼会议开了5天，闭会那天，4个女会友在葛健豪的指导下做了一席丰盛可口的湘菜。身在异域他乡，能品尝到家乡的味道，这一顿美味佳肴自是别的东西都难以媲美的。几天之后，也就是1920年7月18日，新民学会13名会员以及葛健豪、唐灵运、颜昌颐等共20多人在蒙达尼合影留念，一行人前前后后，坐的坐，站的站，随意自然，留下了一张非常珍贵的合照。这张照片由向警予当年从法国寄回，记录了这段蒙达尼的珍贵岁月，照片中的每个人仪态各异却都精神抖擞。

蒙达尼会议后，蔡和森继续找萧子升交换见解，对如何改造中国与世界的主张，两人始终难得统一。他们相互想说服对方，但是谁都很难被说服。此时，他们之间的观念冲突已经越来越激烈。

蔡和森坦言相告：“我写了一封长信给润之，说俄国人一定会派人去中国组织一个共产党，我们应该效仿俄国，不应再延误。”

萧子升听了很反感：“在我们作出决定之前，必须慎重研究这个问题。原则上我同意资本主义应该推翻，但我不准备盲目地追随俄国的共产主义。”

“我们越研究，延误作出决定的时间就越长。俄国的方案为我们制定了一切，都是现成的。”蔡和森停顿了片刻，继续说，“请你告诉我，为什么我们还要到处寻找其他类型的共产主义？”

萧子升将蔡和森比喻成顽固的花岗岩，狂热激烈地信仰着共产主义，因为俄国是共产主义之父，他就说服大家必须以俄为师。而他萧子升，拒绝听他的说教。“我已经把我的主张写信告诉润之了，我相信他会赞成我的意见的。”萧子升坚定地说。其实，他自己又何尝不是顽固如花岗岩？

国内的毛泽东接到了远在万里之外的来信，很慎重地斟酌着两派的观点。12 月 1 日，他给蔡和森、萧子升和在法诸会友回复了一封长信，对这两种意见做了详尽的分析：

> 我对于子升和笙两人的意见（用平和的手段，谋全体的幸福），在真理上是赞成的，但在事实上认为做不到……罗素和子升和笙主张的要点，是“用教育的方法”，但教育一要有钱，二要有人，三要有机关。现在的世界，钱尽在资本家的手；主持教育的人尽是一些资本家，或资本家的奴隶……总言之，现在世界的教育是一种资本主义的教育……我看俄国式的革命，是无可如何的山穷水尽诸路皆走不通了的一个变计……因此我于子升和笙二兄的主张，不表同意。而对和森的主张，表示深切的赞同。

毛泽东的立场明明白白。新民学会两派鲜明的观点已经完全浮出了水面，要想再合二为一，希望微乎其微。不过，作为曾经的挚友，新民学会的共同发起者，他们彼此之间还在努力说服对方。或许那是黎明前的黑暗，或许那只是彻底破裂前的挣扎。

英雄所见略同

信件是新民学会众青年间的重要纽带。通过信件，蔡和森把他在法国看到的马克思列宁主义新内容展示给国内的毛泽东。他多次写信给国内的毛泽东，告诉他巴黎会友的思想动向，并提出了“社会主义真为改造现世界对症之方”。毛泽东则将他在国内的实践活动告诉蔡和森。一来二往，两人在思想和行动上达成了高度的默契。

为了查找他们的信件，我来到新民学会旧址。在新民学会旧址陈列室内，3 本长约 22 厘米、宽约 14 厘米的《新民学会会员通信集》躺在玻璃窗内，页面泛黄，装帧简单。封面左侧，红色的竖排繁体字“通信集”三个字格外醒目，彰显着这部历史文献的厚重。毛泽东和蔡和森的信件收录在通信集的第三集中，这一集共有7封信，包括两封蔡和森寄自法国的越洋信。

也是在1920年7月间，30多个国家在莫斯科召开万国共产党会议，蔡和森从法文报纸上获悉这个消息后十分兴奋，认定苏联一定会派人到中国组织成立共产党。他迫不及待地要把这个消息告诉国内的毛泽东。1920年8月13日，他给毛泽东寄去了第一封长信，这封信共有2700余字，标题为“给毛泽东的信——社会主义讨论，主张无产阶级专政”。信中旗帜鲜明地提出了建党主张：

> 我近对各种主义综合审缔〔谛〕，觉社会主义真为改造现世界对症之方，中国也不能外此……我想编的“四种利器”，亦是我这一回要与你具体商量的。我以为先要组织党——共产党。因为他是革命运动的发动者，宣传者，先锋队，作战部，以中国现在的情形看来，须先组织他，然后工团，合作社，才能发生有力的组织。革命运动，劳动运动，才有神经中枢。但是宜急宜缓呢？我以为现在就要准备……我在这面业已酝酿组织，将于此早组一整队赴俄工作（二年内）。将来以俄为大本营，至少引一万青年男女长驻工作。拟于今冬联络新民会友，少年学会友，工学励进会友，以及赴德之王光祈，赴英之某某，开一联合讨论会……此意已与曾慕韩深言之，彼甚为感动，须料不久将与少年学会中人发生影响，将来讨论如得一致，则拟在此方旗鼓鲜明成立一个共产党。

这封信强调了建党的重要性和必要性，突出了党的地位和作用，对于当时党的创建具有非常重要的指导意义，从而也奠定了蔡和森在建党历程中的卓越贡献和独特地位。

越洋信件在今天可能很快能收到，但是在当时却需要很长时间。顾不得收到毛泽东的回信，1920年9月16日，蔡和森又迫不及待地给毛泽东寄去了一封6000多字的长信。这一次，蔡和森在信中进一步坚定了自己的信念，并在信中提出了具体的建党步骤，提出“明目张胆正式成立一个中国共产党”。这封信是这么写的（因信件内容颇长，部分内容已省略）：

润之兄：

上月寄一长信，大要系主张马克思主义及俄式革命，而注重于组织共产党。今子升归国，再陈其略。我以为现在世界显然为两个敌对的阶级世界，学说亦显然划了鸿沟。自柏拉图统御以来的哲学思想（人生哲学，社会哲学），显然为有产阶级的思想。其特点重思想轻生活，重精神轻物质。马克思的唯物史观，显然为无产阶级的思想。以唯物史观为人生哲学、社会哲学的出发点，结果适与有产阶级的惟理派相反，故我们今日研究学问，宜先把唯理观与唯物观分个清楚，才不至堕入迷阵。我对于人性只认为有“可能性”，比如到了饥的境地，性之可能为吃；遇到困难的境地，性之可能为思（想办法）；处现经济制度之下，性之可能为“人剥削人”；处怒或挑剔（如民族主义、军国主义）之时，性之可能为“打”或“杀”。究其极，这种可能性，与别的动物一样，没有别的高贵不同。总之人由低等动物进化成的。道德根于先天之说不能成立，成立也无意思……今日俄德革命之不同，根本即在此点，为今拟二公式：

俄社会革命出发点＝唯物史观。

方法＝阶级战争＋阶级专政。

目的＝创造共产主义的社会；无阶级无反动社会组织完成、世界组织完成（列宁及共产党屡次如此宣言时），取消国家。

德多数社会党立足于＝修正派社会主义及中产阶级的德谟克拉西之上。

方法＝与帝国政府通力合作（入战时内阁）；利用革命与中产阶级联盟组织政府。

目的＝劳资合组的德谟克拉西。

结果＝延长资本政治的危险，内乱，破产，反革命，压迫工人，闹个不休。

……阶级的战争的结果，必为阶级专政，不专政则不能改造社会，保护革命。原来阶级战争就是政治战争，因为现政治完全为资本家政治，资本家利用政权，法律，军队，才能压住工人，所以工人要得到完全解放，非先得政权不可……为今把美，中，西南欧巴尔干，及东亚的已加入或即将加入万国共产党的略举如下：

美，已成立三个共产党，加入木斯哥……

英，不列颠社会党与别的三个团体，自去夏商议组织与俄一致的共产党，今年八月一日成立，加入木斯哥万国共产党……

法，统一社会党之极左翼，已组成共产党……

（注：后又列举了德国、西班牙、比利时、意大利、匈奥、雅各斯拉夫、捷克斯拉夫、保加利亚、罗马尼亚、东亚、土耳其的共产党成立情况，本书中不一一列举。）

……观此亦可知世界大势所趋。而中国民众运动幼稚如此，将怎样呢？为以为非组织与俄一致的（原理方法都一致）共产党，则民众运动劳动运动改造运动皆不会有力，不会彻底。

布尔塞维克和门色维克（先同属社会民主党）的分裂，开首是争党员加入的条件，布派主张极严格……

……你看中国今日所发生的问题，那〔哪〕一种能在现社会现制度之下解决？所以中国的社会革命，一定不能免的。不趁此时加一番彻底的组织，将来流血恐布〔怖〕自然比有组织要很〔狠〕些，有了强有力的组织，或者还可以免掉，所以我认党的组织很重要的。组织的步骤：（1）结合极有此种了解及主张的人组织研究宣传的团体及出版物。（2）普遍联络各处做一个要求集会结社出版自由的运动，取消治安警察法及报纸条例。（3）严格物色确定党员，分布各职业机关，工厂，农场，议会等处。（4）显然公布一种有力的出版物，然后明目张胆正式成立一个中国共产党。现在组织研究宣传之外，更可组织一调查统计部，研究宣传部调查统计部与出版物三者现在可打成一片而潜在从事。比如我在国外可调查俄国及各国的情形，你在国内可调查各省情形，将人口，土地，产业，交通，劳动状况，经济，教育等列为统计，此种材料与研究的著作，皆在一种出版物上发表，出版物又须组织一个审查会。凡游移不定的论说及与主义矛盾的东西，皆不登载。

没有纸了，我的意见一时不能写完，再拢〔笼〕统说几句：我以世界革命运动自俄革命成功以来已经转了一个大方向，这方向就是“无产阶级获得政权来改造社会”。不懂的人以为无产阶级专政是以暴易暴的，不知列宁及万国共产党已再三宣言，专政是由资本主义变到共产主义过渡时代一个必不可少的办法。等到共产主义的社会组织世界组织完成了，阶级没有了，于是政权与国家一律取消。故现在各国的无政府党与工团的见到了的份子，业已改了倾向，我不信这种倾向会错的。无政府党最后的理想我以（为）列宁与他无二致。不过要做到无政府的地步，我以为一定要经俄国现在所用的方法，无产阶级专政乃是一个惟一无二的方法，舍此无方法。试问政权不在手，怎样去改造社会？怎样去组织共产主义的生产和消费？最大的错误，就是他们以为迟一点就会了，殊不知迟一点资本家的大战又起了，伏尸流血又不知几千百万，而战死与破产及生活昂贵的大祸，都是无产阶级受了，战胜的中产阶级又不知道要得到好多的赔款和殖民地，而战胜的国际的托辣斯的组织（指国际联盟）将越发巩固，工人真是动也动不得了！第二次资本家的大战战场必在中国。我们还不应准备么？

叔衡，犉元，殷柏，启民，章甫，均此。

彬。九月十六日。

蔡和森的这封信很长，详细论述了在中国成立共产党的必要性。收到信的毛泽东十分欣喜，蔡和森的观点与他不谋而合。很快，毛泽东给蔡和森回了一封信，明确表明了自己的观点。

和森兄：

来信于年底始由子升转到。唯物史观是吾党哲学的根据，这是事实，不像唯理观之不能证实而容易被人摇动。为固无研究，但我现在不承认无政府的原理是可以证实的原理，有很强故的理由。一个工厂的政治组织（工厂生产分配管理等），与一个国的政治组织，与世界的政治组织，只有大小不同，没有性质不同。工团主义以国的政治组织与工厂的政治组织异性，谓为另一回事而举以属之另一种人，不是固为曲说以冀苟且偷安，就是愚陋不明事理之正。况乎尚有非得政权则不能发动革命不能保护革命不能完成革命在手段上又有十分必要的理由呢！你这一封信见地极当，我没有一个字不赞成。党一层陈仲甫先生等已在进行组织。出版物一层上海出的《共产党》，你处谅可得到，颇不愧“旗帜鲜明”四字（宣言即仲甫所为）。详情后报。

弟 泽东。十年一月二十一日在城南。

在这封信中，毛泽东鲜明地提出：“唯物史观是吾党哲学的依据。”

蔡和森从毛泽东的信中得知陈独秀正在建党，立即给陈独秀去信。明确地说：“和森为极端马克思派。极端主张：唯物史观、阶级战争、无产阶级专政。”信中还系统精确地阐明了他对马克思主义的信仰和创建中国共产党的理论。

在给毛泽东和陈独秀的信中，蔡和森全面介绍总结了欧洲的社会主义运动，系统阐明了他关于创建中国共产党的理论。他论述了党的阶级基础是工人阶级；阐明了党的性质是无产阶级领导，指导思想是马克思主义；指出了党的奋斗目标是共产主义；提出了党的组织原则是民主集中制；提出了建党的具体步骤。

一来二往，通过信件，毛泽东和蔡和森两个青年已经在信仰方面志同道合。毛泽东与蔡和森由最初同学时代的惺惺相惜，转而到信仰的完全认同，最后共同奔赴革命的征程。

蔡和森的这些珍贵书信后来被毛泽东整理成册，并为一些信加注了按语和标题，汇编入《新民学会会友通信集》，由长沙文化书社出版，成为研究蔡和森、毛泽东等人创建中国共产党过程的重要历史文献。只不过，通信集留存至今的真品已经很少了，新民学会旧址陈列的样品为复制品，原件在中国革命博物馆有部分保存。

蔡和森当时在法国，没有直接参加国内的建党工作。但是他的建党思想和理论对国内的毛泽东等会员的活动，无疑起到了重要的推动作用。毛泽东、蔡和森等一批马克思主义者的出现，让新民学会的使命渐渐发生了变化。

未竟的主义

蒙达尼会议后，李维汉果真兑现了自己所说的话，迁居蒙达尼与蔡和森同居一处。他在就近的胶鞋厂找了份工作，工作之余，集中精力阅读蔡和森“猛看猛译”过来的共产主义书籍。

搬来蒙达尼之前，李维汉是工学世界社的领头羊。他到了法国后就进入了法国最大的钢铁公司当铸工。早晚工余，他苦心学习法语。工人的生活让他亲眼看见了资本家的剥削和压迫。法国武警对工人罢工的镇压，也让他逐渐明白，号称民主自由的法国也无绝对的自由。这时候，他呼吁“中华民族的男女学生打破知识阶级，牺牲部分时光，做那些农人工人的解放事业”。但对于蔡和森极力提倡的俄式革命，李维汉却持保留意见，常常以“多读书，多考察，多与友人研究后再说”作为回答的话语。此时的他，显然还没有跳出“工读主义”的幻想。

在蒙达尼的那段时间，他看了很多共产主义的书籍，也跟蔡和森多次长谈和讨论。他的思想起了急剧的变化，心目中的天平迅速向马克思主义偏移。他还将自己所读的马克思主义著作转给萧三、贺果等工学世界社成员。

1920 年 10 月，工学世界社召开了三天干事会，在蒙达尼的新民学会会员都参加了。蔡和森、向警予虽不是工学世界社成员，却发表了长篇演说。

萧子升说：“我们的团体最好还是以石曾先生的‘自由、互助、工读’为主旨，采取无政府、无强权，如蒲鲁东之新式革命的好。”

“无政权不能保护革命，不能防止反革命，打倒的阶级倒而复起，革命将等于零。”蔡和森精辟地分析了当时的局势。他把自己笔译的《共产党宣言》《社会发展》等马列著作写在纸上，贴在墙壁上，一边说，一边指出原句分析，请大家边看边讨论。蔡畅、向警予坚决拥护俄式革命的方针，讲到要害处，向警予画龙点睛地提示或者加以补充，两人一唱一和，将理论讲得生动又活泼。

这样的辩论大会，在蒙达尼公学的教室里、宿舍里进行多次，每次都热火朝天。每每争得不可开交，向警予便登台化解，俨然两派青年的润滑剂。

有一次，在华法教育会工作的萧子升从巴黎来到蒙达尼。他把向警予、蔡和森、陈绍休邀到旅馆的房间里，热烈地讨论十月革命和共产主义的问题，一直到深夜两点多钟。这时，要回学校也已经很晚了，为了不打扰旅馆老板，四个人决定统统横躺在床上休息。

萧子升回忆这个有意思的夜晚说："我们都没有想到向警予是个姑娘，我相信她自己在那时也没有想起她是个女性。直到后来，我为那天我们表现出的纯洁思想和崇高的信念而深深感动。"

12 月 27 日至 31 日，工学世界社的年会在蒙达尼召开，与会者有 30 多人，氛围很热闹，蔡和森自然不会放过这样的宣传马克思主义的好机会。会议的头一天，他就作了"竟日长篇谈话"，猛烈地宣传无产阶级专政和社会大革命，否认无政府主义。28 日，向警予又连番炮轰无政府主义，大力宣扬无产阶级革命，长篇谈话至晚上 10 点才止。多次会议，多番解读，总算是起到了突破性的进展。到了 29 号晚上 9 时，众人表决出了一个倾向，每个人对现实社会都不满意，都以为要革命才行。

为使工学世界社多数成员不致迷失于无政府主义、合作经济主义等缤纷各式的主义中，蔡和森和向警予以及后来抛弃了无政府主义转而信仰马克思主义的李维汉可谓是苦口婆心，一逮着机会就扬起马克思主义大旗。终于，这股东风借着争取"生存权、求学权"这样的流血斗争，吹散了散居在青年们心目中那些不堪一击的主义。李维汉、李富春、罗学瓒、张昆弟、萧三等到最后都成了坚定的马克思主义者，成了蔡和森在法进行建党建团活动的中流砥柱。

在萧三致萧子升的信中，他对工学世界社成员的思想转变作了交代：

> 社会革命问题，此间同人意见，多趋重于事实方面与必然论之上，都着重实实的想，而不作乌托邦的空想，故大都趋重于马克思主义及俄式革命。有些人从前信仰无政府主义及怀疑马克思主义的，现在以研究之所及，大都改过来了。

接到这封信时，萧子升的心情如何，我们大可猜想。蒙达尼会议后，毛泽东寄的长篇回信，明明白白地坦诚了自己的立场，又一次给天平的马克思主义信仰一端增加了重重的砝码。

接到信后的蔡和森放开手脚，携手新民学会这些中流砥柱联络起了信仰马克思主义的同志，共商在法建党的问题。

当时，在法的中国青年成立了各种团体，其中以劳动学会影响较大。李立三以佐夫之名在《旅欧周刊》上发表了文章，极力推崇在法国坚持勤工俭学。他还提出要把在法华工组织起来，促成工人的觉悟，为将来中国革命准备干部。这一主张得到了赵世炎、刘伯坚、陈公培等人的赞同，劳动学会在巴黎应运而生。不久，劳动学会又成立了勤工俭学学会，包括王若飞、陈延年等人在内有200多会员，不论是规模还是影响力都不容小觑。

1921年3月，工学世界社发出邀请书，请劳动学会派代表前往蒙达尼出席工学世界社的会议，以加强联系。赵世炎应邀前往。蔡和森抓住了这个机会，作了长时间的发言，将所学的马克思主义有理有据地、彻底地向赵世炎阐述。赵世炎深为折服和感动，会后，他马不停蹄奔赴圣特田，将情况告诉了李立三、吴明等人。

4月，李立三、赵世炎以劳动学会的名义向蔡和森来了一封信，建议共同创建共产主义同盟。蔡和森收到来信，欣喜非常，当即回信表示同意，但是建议名称叫“共产党”。

7月，两拨队伍齐聚蒙达尼，建党问题正式摆在了桌面上。他们准备将在法、比、德的马克思主义信仰者组织起来。但是正式建党，却没有在这时候得到全部通过。令人扼腕的是，蔡和森这个最初的倡导者最终没有亲自实现在法国建党的宏图壮志。他在法国的行程终止于那一场进驻里昂中法大学的斗争，104名勤工俭学生被押送回国，他名列其中。从此，他的战场转到了中国故土。到1921年冬，经陈独秀介绍，他在上海成了共产党员。

不过，他在建党问题上的影响，却不会随着时间地点的变化而消逝。在蔡和森的影响下，参加赴法勤工俭学的新民学会会员19人中，后来参加共产党的有12人，包括蔡和森、向警予、蔡畅、李维汉、张昆弟、罗学瓒、萧三、熊昆甫、刘明俨、贺果、熊季光、欧阳泽。加上工学世界社的李富春、欧阳钦、唐灵运、颜昌颐等，共有近30人参加共产党。

多年后，萧三写了一篇《月下常思君——怀念蔡和森同志》，其中有一段描述算是很中肯地说明了蔡和森在无产阶级革命道路上所做的努力：

和森同志是一个了不起的人，在二十年代初期，他自觉地钻研马列主义著作，成为一个彻底的无产阶级革命家，这是非常可贵的。在他的思想上没有受一点无政府主义的影响。他是我们的先驱者。他的思想理论远远地走在我们的前头。

蔡和森的勤奋与努力、执着与坚守为他身后留下了一系列美名与赞誉：中国共产党早期的卓越领导人之一，伟大的无产阶级革命家，马克思主义理论家，杰出的共产主义战士，著名的工人运动领袖。

流血的面包

法文虽然难啃，但还能安静地啃法文亦是一件幸运的事情。怕只怕是生存都成了问题。终于，留法勤工俭学生们还是遇到了生存问题。

1920 年春，李维汉由华法教育会介绍进入了施乃德钢铁公司做铸工。施乃德钢铁公司是法国最大的军火工厂，设有多个分厂。罗学瓒在南部的克勒佐总厂；李维汉、李富春、贺果、李林在法国西北部的勒哈佛尔分厂；张昆弟、任理、欧阳钦、刘明俨在圣伯尼分厂。除李维汉之外，其他人都是钳工。在工厂里，劳动强度大，劳动时长至少在 9 小时以上。

勤工俭学学生的生产技术低，所以报酬也低。算下来，月工资在 218 法郎 ~300 法郎之间。而当时在法国的消费，仅维持最低生活，每月也需要 150 法郎 ~200 法郎。租房费在 30 法郎 ~60 法郎之间。仅这两项开支，有很多人就入不敷出。有工作的勤工俭学学生尚且时时处在饥饿线上，没有找到工作的学生就真是在与死神赛跑。

虽然为了资本式生产而劳动有损于劳动的目的，但为了面包，青年们又不得不敛气而入工厂。资本家无情的剥削和驱使，更给诸人加了一层精神上的痛苦。由于劳动强度大，生活又艰苦，半年不到，李维汉病倒了，陈绍休、杨楚、罗饶谦命丧黄泉。贺果在他的日记中写道：

这种不安定的生活，非常苦痛，然又无法解决。今日不知明日怎么样，今月不知下月怎么样。这种浪里生涯，煞是难过。

屋漏又逢连夜雨。1921 年 1 月，法国经济萧条，许多工厂倒闭，出现了一大批失业工人。在勤工俭学学生的队伍里，有 500 多人找不到工作，靠着华法教育会的每日 5 法郎艰难维持生活。

然而，就这 5 法郎的救命钱也眼见着化为泡影了。华法教育会的吴稚晖称勤工俭学学生“既无做工之志趣，又无做工之能力”，这种污蔑就如在一个寒士头顶浇了一瓢凉飕飕的水。到了 2 月尾，华法教育会声称对勤工俭学学生，不管有工无工，概不负维持之责。意思是不管所有人的死活了！这简直是晴天霹雳。

蔡和森、向警予声泪俱下地下了一篇檄文：

> 亲爱的同志们，我们的生命问题来了，3 月 1 日就要饿死了……我们……是不肯坐守待毙、甘心饿死的，决定要直接行动，不达到我们的目的不止。我们怎样直接行动呢？一、即日向公使、领事下一个哀的美敦书式的呈文；二，如到本月 28 日对我们的要求还没有满意的答复，则全体到公使馆、领事馆去……做工的同志呀，我们对于我们的根本要求，表不表同情，感不感需要，年龄老了，头脑越简单了，俭学的目的何日才能达到？并且要求生存权、求学权，决不是可鄙的事，这是社会革命的发动点……

这篇《告留法同学宣言》唤起了四百青年，浩浩荡荡向中国驻法公使馆进发，少数几个女同志排在队伍的前头。其中包括顶着一双小脚，奔走得吃力又豪迈的葛健豪。他们高喊：“我们要生存！我们要上学！”

驻法公使馆得到消息，即刻派出了军警紧急戒备。大批学生被挡在公馆外面。于是，学生们推举了十名代表进公馆见陈箓，陈箓推辞不了，蔡和森、向警予、李维汉、李富春、张昆弟等人将他围住。

蔡和森向陈箓提出了要求，要求他给予每个学生每月 400 法郎的补贴。陈箓对此嗤之以鼻，他以勤工俭学是华法教育会的事情，政府不能答应他们的要求为由而推辞。

向警予说，自己代表的是几百学生的意思，如果得不到解决，无辞回复众人。

陈箓被逼得没办法，只得出去见学生，说是没有政府的答复，自己无权答应学生的要求。

陈箓的回答惹得学生们更加愤怒，几百学生朝公使馆涌去，陈箓吓得急忙逃走，早就严阵以待的法国军警当即拿着棍棒对手无寸铁的学生展开了驱赶。发生在勤工俭学学生身上的第一次流血事件由此展开：李富春的头被打破了；有个叫王木的学生在被驱赶时被疾驰而来的电车碾压而死；十名代表被警察带走了。

公园里，愤怒的学生毫无惧色，他们表示誓死捍卫自己的权利。陈箓一边打发自己的助手和学生们交涉，一边又去跟警察局假意请求"释放学生"。好说歹说，才把学生们劝回去，十名代表在大半夜也离开了狱室。

最后，勤工俭学学生们用自己的鲜血和坚持换来了面包和尊严，陈箓答应了学生们的部分要求，同意继续发放"维持费"三个月。这就是著名的"二二八"运动。时隔七十年后，经历过这个事件的聂荣臻清楚地记得自己当时领了总共69法郎活命钱。

这场主要由新民学会会友蔡和森、向警予、李维汉、李富春领导的"二二八"运动实际上没有取得全胜。主观上来说，是由于勤工俭学学生中意见没有完全统一。当时以赵世炎、李立三为首的劳动学派仍然笃信工读主义，主张勤工俭学到底，王若飞也持相同的主张。他们不同意请愿，更不愿参与这等他们认为是向政府摇尾乞怜的事情。这时候的勤工俭学学生各派还没有完全地统一思想。

然而"二二八"运动过后，劳动学派的人态度极大地转变了。王若飞、赵世炎、李立三等人彻底地发现：蔡和森他们绝不是为了一己私利上街游行的。他们身上的奉献精神和大无畏精神是大多数勤工俭学学生们所不具备的。

当时，葛健豪绣的湘绣在法国很抢手，一幅能卖100法郎，她经常拿来救济更穷的学生。向警予在云母厂做工也是一把好手。蔡和森患着哮喘依旧每日苦读。他们并不是不会做工才去争取生存权和求学权，也并不是自己活不下去了才去做这等争取，而是为了广大的在生死线上挣扎的勤工俭学的学生。

很多年后的今天，我们理解了，那是一种赤色的、大无畏的革命精神。

由此，王若飞、赵世炎、李立三等人摒弃前嫌，走向了蒙达尼。"二二八"运动后，两支队伍汇流在了一起。此时，从巴黎回来的周恩来也成了蔡和森家的常客，跟蔡和森一起沉浸在马克思主义的战壕里，随时准备为国为民而战。

“二二八”运动后的“拒款大会”算得上是勤工俭学学生不同组织趋于联合的一次牛刀小试。1921 年 6 月初，北洋军阀政府派吴鼎昌与法国秘密谈判借款和购买军火。借款的条件是，中国的印花税、验契税由法国监理收税 50 年，滇渝铁路的建筑权交给法国。国家主权就这样拿在了桌面上做商业交易，中国人民怎么肯？眼睁睁看着这一切发生的留法勤工俭学学生们怎么肯？

蔡和森、周恩来和旅法华工领袖袁子贞联合华工会等 6 个旅法华人团体组成拒款委员会。一方面，委员会向国内各团体，美洲、南洋的华侨，留英、留德学生会发出通告，呼吁共同行动。另一方面，他们想通过中国驻法公使陈箓直接向吴鼎昌发出警告，令其放弃借款，离欧返国。

6 月 30 日，各地旅法华人代表 300 多人在巴黎哲人厅召开了第一次“拒款大会”。蔡和森、周恩来、李维汉、刘清扬都身在其中。8 月 13 日又召开了第二次会议。两次大会都直指中法秘密借款，一致反对中法秘密借款四项决议案。到了第二次大会召开的时候，已经有了一些进展。先前，委员会已经通知了陈箓，要他到会交代借款真相。陈箓因害怕群众而不敢出席，派了秘书王曾思作代表，被迫在决议案上签了字。大会选举了袁子贞、徐特立等 10 人组成临时委员会，监督实施。8 月 16 日，陈箓亲笔补签，承认了大会决议。历时 2 个月的拒款运动取得了胜利。

拒款运动的大胜利鼓舞了勤工俭学学生们。通过联合作战，他们尝到了甜美的果子。这也让他们认识到，抱团取暖，对于身在异国他乡的他们真是一件非常必要的事情。不久，他们在血泪教训中更深刻地认识到了这个道理。

折了面子也要护住里子

如果说“二二八”运动给勤工俭学学生们浇了一瓢冰凉的水，那么接下来的消息就再坏也没有了——以勤工俭学名义成立的里昂中法大学对所有勤工俭学学生们彻底关上了大门。无论是法国当局、中国驻法公使馆还是华法教育会都众口一词：里昂中法大学与勤工俭学学生毫无关系。

里昂中法大学是由华法教育会以勤工俭学学生求学的名义向国内募集经费开办的，1920 年 3 月动工，1921 年 9 月竣工。早在 1921 年 5 月 30 日，向警予、蔡畅、熊季光、劳启荣等 6 名女勤工俭学学生联络其他女生，成立了开放海外大学女子请愿团，要求里昂中法大学招收女生。吴稚晖不仅没有考虑她们的请求，而且将整个勤工俭学学生群体都拒之门外。

9 月 25 日，里昂中法大学将按时开学。由法国政府安排的“入学考试”是 26 号报名。而吴稚晖已经从国内招收了一批新生，24 日抵法，26 日将入学。

困居在法国各地的近两千名勤工俭学学生被彻底抛弃了，除了直接采取行动，他们别无他法。9 月 5 日，赵世炎、李立三等在克鲁邹勤工俭学的 147 名学生发出了争回里昂中法大学和中比大学的宣言和通告。以蔡和森、向警予为首的旅法新民学会，以李维汉、李富春为首的工学世界社，以赵世炎、李立三为首的勤工俭学学会三大革命团体正式走向了联合。6 日，巴黎华侨协社聚集了 200 多名勤工俭学学生代表，“各地勤工俭学生联合委员会”正式成立。

9 月 20 日清晨，各地勤工俭学生联合委员会发出紧急通告：

> 一、本会今日移驻里昂中法大学，巴黎方面留驻巴代表五人。二、由本会于巴黎、圣日耳曼、枫丹白露、克鲁邹、沙多居里、墨兰、蒙达尼等处同学中组织先发队百人，随同本会出发，占据里大。三、各学校各工厂勤工同学接到这通告后，请即日组织“援里队”，陆续向里昂出发，最迟于通告到后四十八小时内有代表三人以上赴里昂。

在蔡和森、赵世炎等人的号召下，学生们组织了勤工俭学学生代表大会的领导机构。21 日晨，占校“先发队”集合，共 125 人，高喊“以开放里昂大学为唯一目标”“誓死争回里大”。

蔡和森告别了母亲，带着身怀有孕的妻子向警予匆匆上路，张昆弟、罗学瓒紧随其后。赵世炎和李立三带领另一队人马也上路了，陈毅和李鹤龄走在一起。勤工俭学学生们拧成了一股绳。在塞纳河畔，他们义愤填膺，准备去击碎一场险恶的阴谋。赤色，已经在留法勤工俭学学生的队伍里成了最富影响力和吸引力的颜色。

先发队冲进校园，占驻了一座楼房，摆出一副要与校方谈判入学的态势。陈箓见势不妙，又不敢直接面对来势汹汹的学生，只能急匆匆地找到法国当局商讨对策。一不做，二不休，法国当局派出了几百名军警，强行没收了学生们的居留证。学生们不知道，他们正在陷入一场更大的阴谋。不久，又来了10多个警察，枪棍相加，把100多名先发队员轰上汽车，100多名学生就这样莫名其妙地被逮捕了。法国军警将被逮捕的学生囚禁在里昂中法大学附近的芒特吕克兵营里。

第二天，勤工俭学学生代表大会代表同吴稚晖谈判，要求释放学生占校先发队员。吴稚晖等人使用诡计，拖延回答。陈箓在暗中同法国当局交涉，准备驱逐这批学生回国。

被捕的学生在兵营中被关了23天。

23天的监禁，23天斗争不止。那边，里昂中法大学，吴稚晖带来的120余名学生正在举行开学典礼。这边，芒特吕克监狱里，真正有资格入学的100多个学生被囚禁，受着非人的待遇。

他们甚至想到了用绝食的方法来跟恶势力抗争，就在“双十节”那天，李立三还为此写下了绝食宣言：

> 自法兰西学者以自由平等之说，主民主政治之基，而吾国人乃有此双十节之纪念……吾人以求教育平等之故，系于以自由平等博爱为国徽之法兰西监狱，吾人将以何酬此国庆？吾人百无所有，惟有热血和热泪耳！

10月13日，法国政府以“强占校舍，扰乱治安”的罪名，把蔡和森、张昆弟、罗学瓒等100多人武装押送到马赛。

穿着快要发霉的囚服，蔡和森、罗学瓒、张昆弟、陈毅、李立三等人于18日深夜上了法国邮轮“宝勒加”号。随船有法国武装军警押送，最终有104人被遣送回国。

一两年前，以蔡和森为代表的新民学会这批会友们，乘着邮轮赴法，带着美好的学习的愿望。而今，他们却被无情地驱逐出法国。蔡和森临别时没有能见到身怀有孕的向警予一面，而她，还在为他们而奔走呼号。

1921 年 11 月 15 日，押送蔡和森等人的船到达香港，船上的法国军警撤走。

不久，向警予从蒙达尼启程回国。回国之前，留法女同学已经处境濒危。当时向警予已经身怀有孕，可她放心不下这批和自己一样千里求学的女学生。她拖着有孕之身，多方交涉募捐的事情，希望能解留法女学生的燃眉之急。

进占里昂中法大学虽然以失败告终，却是留法勤工俭学学生们最为波澜壮阔的一次斗争。在这次斗争中涌现出了一批在后来的中国革命中叱咤风云的人物：蔡和森、周恩来、陈毅、向警予、李维汉、李富春、蔡畅、聂荣臻等。

在法国的这段时间，很多新民学会的会员都由激进的民族主义者转变成了马克思主义者。他们最终回到了祖国，开始了一场前所未有的战斗。

血色浪漫里的夫妻档

1920 年 5 月的一天，在法国蒙达尼学校的一间木板平房里，一个简单的婚礼正在举行，没有那么多的繁文缛节，也没有大宴宾客。这对夫妻就是在蒙达尼有着鼎鼎大名的夫妻档：蔡和森和向警予。

向警予身穿一件漂亮的绸衣，那是葛健豪亲手缝制的。看着儿媳平素穿着朴素，葛健豪特地给她做了一件漂亮的绸衣。盛情难却，向警予接过绸衣："我是不穿这样的衣服的，但是为了您，我今天就穿一个小时吧！"果真，只穿了一个小时，向警予就脱下了绸衣，仍然穿上了平常那件布衣服。

而在那张闻名中外的结婚照上，蔡和森拿着一本《资本论》，向警予笑得很温柔，蔡和森笑得很含蓄。也有种说法是说，当时蔡和森拿着《资本论》，向警予也手持《向上同盟》的诗册。之所以关于这张结婚照会流传多个版本的描述，是因为当时那张结婚照其实早已被毁。我们现在所能看到的照片都是后人根据当时见证人的回忆合成的，而随着时间过去多年，回忆的内容也各式各样。

无论向警予是否手持《向上同盟》诗册，诗册都是他们爱情的见证。这本诗册来自“盎脱莱蓬”号邮轮，那或许是他们爱情的开始，抑或是在更早的布里，他们就已经结下了情愫。

布里的冬天是难耐的，蔡和森被北方的严寒冻得气管经常像风箱一样吱吱响。一个英姿飒爽的南方女子走进了布里，她就是向警予。趁着来京考察留法勤工俭学预备班的机会，她来看望这位大名鼎鼎的新民学会门面人物。

那是他们的初次见面，彼此就深感志趣相投。向警予将她想赴法的事情全权委托给蔡和森，自己即返程溆浦。是否他们的爱情火花就是在向警予小住的这几日就已然萌生，我们不得而知，但是“盎脱莱蓬”号上的“向上同盟”却众所周知。

邮船在浩渺无际的海上航行，一望无涯的暗绿色海面，时而碧波万顷，时而狂涛怒浪。邮轮上的三十多天虽苦日难挨，但该发生的浪漫却一点没有少。向警予和蔡和森经常在一起谈心或是研究政治与学术，他们的爱情之花绽放了。在船上，他们写了许多诗文相互交流心愿，鼓励上进。到了法国以后，他们把这些诗、文汇编成小册子，命名为《向上同盟》，原意是心意诚恳，人格光明，思想向上。这原是吸收新民学会会员的条件，但用在他们身上却是爱情结合的盟约。也有种说法是，勤工俭学学生们常常组织在一起辩论，向警予在蔡和森的帮助下，放弃了教育救国论，他们俩结成一队，拥护马克思列宁主义。向警予给他们的结合取了个名字叫“向上同盟”，大抵是相互勉励、积极向上的意义。到了法国，这种结合更加紧密，他们将“一切热情集中于共产主义运动的倾向，一到法国遂纠集同志及华工中的先进分子形成这种倾向的组织”。

不管“向上同盟”的来历到底如何，“向上同盟”所包含的浪漫却众所周知，为当时楷模。蔡和森也曾说，《向上同盟》是 1920 年 1 月在印度洋上的事情。

“警予，我们即将踏上的这条路，可比我们在这艘船上经受的苦难要大得多啊！”蔡和森望着海面。

“不怕，我们是二十世纪崭新世界里的新人！”向警予目光炯炯。

在统舱的甲板上，向警予依偎在蔡和森的身旁，他们忘了时间的存在，任凭大海的风浪撩拨着身躯，仿佛无数双眼睛注视着这对叛逆的男女，又仿佛是他们注视着未来的方向、未来的世界，毫无畏惧。

到了蒙达尼，在万里之遥的异乡，向蔡同盟的爱情之花盛开了。和森坚强，警予温良。和森能写，警予会说。警予与和森恋爱后，一切热情集中于共产主义运动的倾向。

一时间“向蔡同盟”成了很多青年追求爱情的标本。直到他们的结合，不订婚约，也没有烦琐的婚礼，简单却轰动。手捧《资本论》的婚纱照，是绝无仅有的，那是在说明他们的结合，远不止爱情那么简单，也是基于对马克思主义的共同信仰。

蔡和森在给毛泽东的信中称：

我与警予有一种恋爱上的结合，另有小册子，过日奉寄。

向警予把这张照片寄给了湖南溆浦的父母，同时附上了一张画片，一张明信片：

我的爹妈呀，不要愁，你的九儿在这里，努力做人，努力向上，总要不辱你老这块肉与这滴血，而且这块肉这滴血还要在世界上放一个特别光明。和森是九儿真正所爱的人，志趣没有一点不同的。这画片上的两小也合他与我的意，我和他是一千九百二十年产生的新人，又可叫做二十世纪的小孩子。

当向警予在溆浦的继母得知她嫁给穷书生蔡和森时，怒不可遏。她生气地说：“这个九儿，放着好好的官太太不做，非要嫁给一个做豆腐的。”当时他们听到传言，说是蔡和森在布里就学的做豆腐，以为他去了法国就是到豆腐公司做事。

国内的会友们得知蔡和森和向警予结婚的消息，无不欣喜，其中以毛泽东为甚。曾经，他和蔡和森一起讨论过结婚问题，他们同是不婚主义者，那是对封建婚姻的抗拒。在得知蔡和森和向警予冲破封建婚姻的牢笼，走向了自由恋爱、自由结合的消息时，毛泽东即刻给罗学瓒回了一封信：

我听得“向蔡同盟”的事，为之一喜，向蔡已经打破了

“怕”，实行不要婚姻，我想我们正好奉向蔡做首领，组成一个“拒婚同盟”。已有婚约的解除婚约，没有婚约的，实行不要婚约。

同年年底，毛泽东与杨开慧结婚，用自己的行动讴歌了自由恋爱的伟大。

1922 年 7 月，在中国共产党第二次全国代表大会上，蔡和森当选为中央执行委员会委员，向警予当选为中央候补委员，他们是共产党历史上第一对中央委员夫妻。会议决定出版党中央的机关刊物《向导》周刊，由蔡和森主编，夫妻俩起了个共同的笔名“振宇”。他们撰文 100 余篇，既有马克思主义理论，又充满革命激情。

1927 年 3 月，向警予从莫斯科回到中国，停驻在武汉。很快，腥风血雨来了。当时，罗章龙代表中央要向警予赶快撤退到上海去，找了她三次，向警予都不愿意撤退。向警予说：“我们都走了，武汉怎么办？革命群众会失望的，总要留一个人在这里，给大家留一点希望。”

于是，她留下来了，奔波于武汉三镇，在工人中做革命工作。年轻的向警予竟老了，32 岁的她双鬓泛起了霜花。在工人的心目中，向警予是了不起的。

向警予和蔡和森共同生活了 5 年，留下了一双儿女。1927 年，她与一双儿女留下了唯一的合影。与儿女在一起待了短暂的两天后，向警予离开了他们。葛健豪抱着蔡博、蔡妮送她，向警予一直泪流满面，没有说一句话，临走前给儿女每人买了个大柚子。这一次见面竟是永别。1928 年，向警予被捕了。

1928 年 5 月 1 日，蔡和森的母亲葛健豪带着孩子匆匆赶到武汉，下了车就坐上了黄包车。车夫告诉她：“老太太，今天武汉要枪毙人，街上恐怕有时不方便啊。”

“要枪毙谁啊？”葛健豪问。

“枪毙一个女共产党员。”车夫说。

当时葛健豪就有一种预感：莫不是向警予吧！

“女共产党员姓什么？”

“姓向。”

“快快快！你快快快！”葛健豪如受晴天霹雳。

车夫用力地跑，跑到中途的时候枪响了。听到枪声的葛健豪昏倒在车上。葛健豪带着向警予的一双儿女赶来武汉，却没能见到向警予最后一面。

向警予牺牲的那天是五一劳动节。在去刑场的路上，她沿路高喊口号：共产党是杀不完的！中国共产党万岁！

沿途看的群众非常多，她一路高喊口号。押送她的警察残忍地在地上抓了一把小石子和沙子，塞到她的嘴巴里，用皮带把她的嘴绑起来。最终，向警予牺牲了，年仅 33 岁。

在她被捕之后，蔡和森动用了自己的一切关系，甚至去求已是南京政府高官的萧子升来挽救向警予的生命。

然而，当昔日的同窗去探监劝向警予为两个未成年的孩子考虑保全自己的性命时，向警予没有听从，她选择了死。或许死，才是对信仰，对昔日重如山海的爱情最好的了断。

在向警予遇难之后，蔡和森悲痛不已。他深情地写下了《向警予同志传》：

> 伟大的警予，英雄的警予，你没有死，你永远没有死！你不是和森个人的爱人，你是中国无产阶级永远的爱人！

几年之后，蔡和森被叛徒出卖，失去了自己宝贵的生命。一份广东国民党反动当局于 1931 年 8 月中旬签发的“原呈”秘报里记述了蔡和森被捕的经过以及被执行枪决的信息。

此密报最后特别强调：“除将该匪胡世辉即蔡和生一名，当经于（1931 年）八月四日执行枪决。”

蔡和森是 1931 年 6 月 10 日在香港被英帝国主义当局逮捕的，6 月 12 日晚，由香港引渡到广州。最后于 1931 年 8 月 4 日在广州被“执行枪决”。上述被枪决一说，是我能找到资料佐证的一种论断。关于蔡和森的牺牲，至今流传着几种说法。无论他是怎么牺牲的，总归他是一名英勇的革命先烈。

蔡和森牺牲时，年仅 36 岁。毛泽东高度评价他：“一个共产党员应该做到的，和森同志都做到了。”

几十年后的 1972 年，对于蔡和森的死，周世钊依然耿耿在怀。他挥笔写了一首诗纪念蔡和森，同时也纪念新民学会另一会员罗学瓒。他的诗是这样写的：

故地余秋草，
凉风振客衣，
半淞园里对晴晖。
长记蔡、罗教我撷芳菲。
忠烈垂青史，
风云卷赤旗。
丹心碧血换光辉，
叹息斯人一去邈难追。

向蔡同盟，伟大的爱恋，虽然曾经走向过解体让人扼腕，但是他们自始至终都有一个共同的爱人，那就是信仰。信仰让他们走到了一起，成了在蒙达尼人人称羡的“夫妻档”；信仰也让他们走向了共同的归宿，慷慨赴死。

相伴永远的缔结者

蔡畅和李富春是新民学会的另一对模范夫妻。虽然他们结婚的时候新民学会已然停止活动，但他们的爱情之火，却始于新民学会的活动。

他们两个同是留法勤工俭学学生，相识于一个叫不上名的小咖啡馆。那是“二二八”运动的前夜，蔡畅下完课去参加哥哥嫂子组织的沙龙。正逢李富春在演讲，演讲完了，该李富春结账请客了。这个平常被称为“富翁”的湖南青年，这次竟翻遍全身没能找到几杯咖啡的钱。正尴尬得很，蔡畅走过来替他解了燃眉之急。就这样，两个青年遇上了，对上了眼。

李富春个子不算高大，憨实稳重 ，又聪明肯干，他的工资在勤工俭学生当中算很高的了，大抵同学们喊他“富翁”源于此。蔡畅全家都很喜欢李富春。起初，李富春是信仰无政府主义的，努力利用工余时间自学。认识了蔡畅、蔡和森、向警予等马克思主义者之后，他也开始研读马克思主义著作，很快就抛弃了无政府主义，转而站在马克思主义的方向。他参加了蔡和森、赵世炎、周恩来领导的历次留法学生斗争。蔡畅和李富春就是在一次次革命活动中了解和相爱。1923 年，他们结为了夫妻。

李富春和蔡畅婚后孕育一女，而且是唯一一个孩子。孩子降生之后，因为怕再孕影响工作，也因为当时太清贫怕养不起再多一个小生命，蔡畅瞒着母亲，不顾丈夫的反对，在产床上就做了绝育手术。他们的女儿取名叫“李特特”，这个特别的女孩出生在这个特别疯狂的革命家庭，她是一代中国青年在异域他乡血色浪漫里的爱情结晶。

新中国成立后，李富春和蔡畅都身居高位。在革命的艰苦岁月里，蔡畅担任过多种领导职务，为正义的事业劳碌奔波，是妇女解放运动的先驱。在新中国成立后，蔡畅长期担任党和国家的领导职务，是中共第八至十一届中央委员；第一、二、三届全国人大常委；第四、五届全国人大常务副委员长；连续担任全国妇联第一、二、三届主席，第四届名誉主席。

李、蔡的爱情修成了婚姻，婚姻又修成了“相伴永远”，他们一辈子对信仰、对彼此都至死不渝，为后人永远颂扬。

对于新民学会衍生的这两对旷世革命伴侣，刘亚子感慨万千，曾赋诗《赠李富春蔡畅同志》：

革命夫妻有几人，当时蔡向各成仁。
和森留学警予死，浩气巍然并世尊。
死生流转各天涯，今日新都莫众哗。
记取铁肩担道义，双飞李蔡两名家。

这大概是对这两对旷世夫妻最中肯的评价和讴歌。

第五章　是结束也是开始

四年的时间挺短，有时候却很长。长到足以让好友因选择不一，从此分道扬镳；长到足以于大浪淘沙中觅得信仰，从此坚定不移。虽然四年的时间还不足以让世界斗转星移，但也足够开一个好端，或是做一个了结。从此，赤色与白色，江河与沙漠，走得分明。

目的——改造中国与世界——定好了，接着发生的是方法问题，我们到底用甚么方法去达到“改造中国与世界”的目的呢？和森信里说：“我现认清社会主义为资本主义的反映，其重要使命在打破资本经济制度，其方法在无产阶级专政。”和森又说：“我以为现世界不能行无政府主义，因在现世界显然有两个对抗的阶级存在，打倒有产阶级的迪克推多，非以无产阶级的迪克推多压不住反动，俄国就是个明证，所以我对于中国将来的改造，以为完全适用社会主义的原理与方法……我以为先要组织共产党，因为他是革命运动的发动者，宣传者，先锋队，作战部。”据和森的意见，以为应用俄国式的方法去达到改造中国与世界，是赞成马克斯的方法的。而子升则说：“世界进化是无穷期的，革命也是无穷期的，我们不认可以一部分的牺牲，换多数人的福利。主张温和的革命，以教育为工具的革命，为人民谋全体福利的革命。以工会合（作）社为实行改革之方法。颇不认俄式——马克斯式——革命为正当，而倾向于无政府——蒲鲁东式——之新式革命，比较和而缓，虽缓然和”……我于子升和笙二兄的主张，不表同意。而于和森的主张，表示深切的赞同。

——摘自1920年12月1日《毛泽东给萧旭东［蔡］林彬并在法诸会友》

“主义” 纷呈雪纷飞

1921 年 1 月 1 日，大雪满城，寒光绚烂。新年之际，景象簇新。新民学会的很多会友没有回家，他们顶着大雪来到潮宗街文化书社。这次他们要开一个漫长的大会。

“我们学会久应开会，去年以前，因种种变故，会一直没开成，现在算是不能再缓了。”毛泽东环顾左右，看着大概要来开会的人都到齐了，“趁着新年，各处都放了假，大家聚在这里，就当下最急切的各种问题，大家各抒己见吧！”

何叔衡抢先道：“我们如何研究学术？我想听听诸会友的意见。”

毛泽东先是汇报了巴黎会友的态度，紧接着又讲明了自己的观点：“我主张规定研究对象，提出几种主义，如共产主义、无政府主义、实验主义等，定期逐一加以研究，较之随便泛泛看书，有益得多。”

陈启民加以补充说：“周边的环境每把人扯之向下，我觉得咱们的会友集合一处同居共学是有必要的。”

“除了同居，开会我也认为有必要。”熊瑾玎补充。

何叔衡主张开办平民饭店，每月聚会一次，研究有的人可来谈，其余可来听。

第一天讨论的问题大多如此，关于研究和读书、会章修正和会费添置等问题，时间很快就过去了。待到二号，大雪越深，讨论也越深。

“今天我们讨论的主题是学会应以什么作为共同目的，达到目的需用什么方法，方法进行如何着手。”毛泽东将三个问题连带提出来讨论。

早在第一日，就这三个问题部分人已经做了发言。

熊瑾玎言：“目的之为改造中国与世界，新民学会素来抱这种主张。”

彭荫柏云：“改造世界太宽泛，我主张改造东亚。”

陈启民赞成改造东亚，谓欧洲有欧洲的改造方法，我们不能代庖。谈到方法，他觉得此目的非二十年内所能实现。现在要用力的，不在即时建一个非驴非马的劳农政府，而在宣传。东亚一方面，尤重在促成工业革命。

毛泽东反驳：“‘东亚’无所取义，中国问题本来就是世界问题，然从事中国改造不着眼及于世界改造，则所改造必为狭义，必妨碍世界。至于方法，启民主用俄式，我极赞成。”

这日发问，众人用循环发言法，从大会主席何叔衡起，依次说了自己的观点。

何叔衡说：“学会共同目的应为‘改造世界’。”

毛泽东则表示：应为“改造中国与世界”。对此，陶斯咏、任培道、易礼容等表示赞同。

“我对于改造两字极为怀疑，一般人以为我们要根本改造……新民学会不宜取改造的态度，宜取研究的态度。”邹泮清发言极长，他不赞成用“改造”二字。

“言改造世界，范围较大，可以世界为家，心意愉快得多，故我赞成用‘改造中国及世界’。”陈章甫说。

钟楚生则认为：“我们目的不妨大点，直接用‘改造世界’如何？”

“我觉得‘促进社会进化’比较好。”李承德说。

众人众说纷纭，最后只得用起立表决的办法对宗旨进行统一。绝大多数赞成“改造中国与世界”的主张，这个决定跟巴黎蒙达尼会议的决定一致，新民学会达到了国内外会友的统一。从最初的“革新学术，砥砺品行，改良人心风俗”到现在的“改造中国与世界”，新民学会宗旨的变化也意味着它从一开始带有学术性质，到后面转变到了带有革命性质。可是，要怎样去完成这个使命呢？新年会议也面临了跟蒙达尼会议一样的处境，会员们各执一词，争论不休。

方法问题讨论了两个钟头之久。最后，主席何叔衡又用了表决的方式来下定论。这次依旧是赞成布尔什维克主义的人占大多数，有 12 人。何叔衡、毛泽东、陶斯咏、易礼容、陈章甫、陈启民等都持这种意见。但持改良主义和其他方向的人也不少。

会议进行到第三日，又讨论了一些“方法进行如何着手”的问题，自上午十点讨论到下午两点才散会。散会之后，全体来到草潮门外河干拍照。此时大雪纷拥，拍照都看不清人了。虽然漫天风雪阻挡不住会员们欣然前来的决心，但其实，它也调和不了新民学会中正在发生的分歧。那些纷呈的思想就像是漫天飞舞的雪花，有些往东，有些向西，各自随着各自的风势吹往不同的方向。

1月16日，长沙新民学会会友21人又在文化书社开了一次会议，这次主要是谈论新年会议没有讨论完的主题，“会友个人进行计划”“会友个人的生活方法”等。

通过新年会议的召开，新民学会由“革新学术，砥砺品行，改良人心风俗”的初始宗旨，上升到“改造中国与世界”的理论高度。

不过在如何改造等问题上，新民学会会友自发形成了两派。大多数赞成马克思主义，也有一部分主张无政府主义的温和改良。两派的争论愈演愈烈，终于走向了无法调和的地步。

从此萧郎是路人

> 本会同人结合，以互助互勉为鹄，自七年夏初成立，至今将及三年，虽形式未周，而精神一贯。惟会友个人对于会之精神，间或未能了解。有牵于他种事势不能分其注意之力于本团体者；有在他种团体感情甚洽因而对于本会无感情者；有自身毫无向上之要求者；有缺乏团体生活之兴趣者；有行为不为会友之多数满意者。本会对于有上述情形之人，认为虽曾列为会友，实无互助互励之可能。为保持会的精神起见，惟有不再认其为会员。
>
> ——摘自新民学会《紧要启事》

这则启事刊登于1921年年初《新民学会会员通讯集》，新民学会人心不一已初见端倪。到1921年夏，新民学会自行解散，停止活动。从1918年到1921年，新民学会从成立到结束跨过了4个年头。

新民学会正式分裂，是萧子升回湘之后。1921年2月25日，新民学会会友盼望多时的萧子升回来了，他是回来筹备中法大学事宜的。办完公事，他回了趟家乡湖南，见了新民学会的会友。

次日，何叔衡召集在长沙的会友，在湖南通俗教育馆聚餐，为萧子升接风洗尘。毛泽东还是像往常一样热情地招呼着萧子升。此时的萧子升，一身西式打扮，整齐的分头泛着油光，脸有些微胖，这与毛泽东的粗衣布鞋形成了鲜明的对比。如果只是表面的不相称，那便还好。最要命的是里子也全然不和。

“用激烈的共产主义方法来大规模改造中国与世界，和森对此极为倡导，我亦坚决赞同。”毛泽东言语中自信满满。

“改造社会的人，不可太现色彩。若色彩过重，社会的人望而生畏，牺牲常多收获常少。我以为还是蒲鲁东式的无政府主义更好一些。”萧子升站了起来，就像在蒙达尼跟蔡和森的争论一样，一聊到主张问题，他就控制不住要争论起来。

这样的争论越来越激烈，两个老朋友争得面红耳赤，不欢而散。在他出国的这短短几年，新民学会已今时不同往日，一切都在发生变化，萧子升已经分明感觉出来了。几年前，他的温和改良主义或许还可以轻而易举影响到会章的修改。现在，新民学会的赤火已烧得通红，他全然格格不入。

萧子升当着何叔衡等新民学会会友的面质问毛泽东：“你为什么说我是资产阶级分子，如果说我不赞成共产主义，那我只是反对俄罗斯的共产主义而已。你也知道我是很赞成共产主义原则，我相信社会主义亦应渐渐转变为共产主义。”

还没等毛泽东回答，何叔衡高声笑道：“萧胡子，你不在的时候，润之要我走一条路；润之不在，你又劝我走另一条路；你们两个都不在的时候，我不知道走哪条路好！现在你们两个都在，我仍然不知道走哪条路好！”

何叔衡的幽默话惹得大家哈哈大笑，其实，他是在暗示会友，学会已经出现了明显的分裂。一部分人信仰马克思主义，要走俄国十月革命的道路。一部分人相信无政府主义，主张教育救国，要走改良渐进的道路。

1921 年的春天，毛泽东与萧子升发生过多次争论。何叔衡在新民学会里年龄最大，每每毛泽东、蔡和森、萧子升争论起来了，都是何叔衡出来做和事佬。而现在发生在他们之间的争论，他这个和事佬也不管用了。用萧子升的话来说就是：经常谈到深夜，谁也说服不了谁。争论到激烈处，毛泽东恼怒了，说：“你当你的绅士，我走我的独木桥。”

几个月后，毛泽东、何叔衡赴上海参加中国共产党成立大会，萧子升一路同行。一路上，毛泽东还在劝萧子升走马克思主义道路。

“你是跟我们走呢，还是要当一辈子绅士？”毛泽东用的商量的语气，还对萧子升会回心转意这件事情抱有希望。

萧子升坚持己见，无政府主义的信仰、教育救国的观点已经刻在了他的思想里。而信仰，又恰恰是最难以改变的东西。

最后，毛泽东流着泪丢下一句无奈的狠话：“你穿你的长袍马褂去吧！”

在美丽的西子湖畔，两个青年流着泪分了手，自此分别，便再未相见。

就像眼下的分道扬镳无法逆转一样，曾经的莫逆之交、曾经的精诚合作，同样是铁一般的事实，注定了无法忘记。

那时候，萧子升家境比较好，毛泽东经常借萧子升的书来看，在上面画得圈圈点点。知道毛泽东爱读书，萧子升还打算将祖辈遗产经史子集 77 种无偿赠予毛泽东，这 77 种书“购之非二百金莫办”，故毛泽东婉言拒收了。

那时候，毛泽东、萧子升经常到湖南第一师范的后山妙高峰君子亭游玩，相传那是宋朝张栻、朱熹题诗休闲的地方。后人为纪念他们的友谊，在此建君子亭。他们不会想到，事隔多年后，会有两个同样才高八斗、同样友谊深厚的青年来到这里。是日，近观湘水，远眺岳麓，毛泽东、萧子升诗兴大发。

萧子升首出诗联：“晚霭峰间起，归人江山行；云流千里远……”

“人对一帆轻。落日荒林暗……”

“寒钟古寺生；深林归倦鸟……”

“高阁倚佳人。”毛泽东收尾。

两个青年接咏对答，暮色中，共同吟咏出了一幅美丽的山水图，静中有动，虚实相生。

《征友启事》发出之后不久，一个月明星稀的晚上，毛泽东和萧子升漫步君子亭。

毛泽东侃侃纵论：“我征友的首要条件是有志爱国。自鸦片战争以来，我们的祖国处于帝国主义瓜剖之中，清代末年的《时局图》你是看过的，救国是我们青年义不容辞的责任。”

“日本向袁世凯提出企图侵吞我国的‘二十一条’后，润之兄就写了‘五月七日，民国奇耻，何以报仇，在我学子’，字字铿锵，深入我心啊。”说到爱国，萧子升深有同感。

毛泽东又严肃地说：“日本甲午战争以来，强夺我国的台湾、澎湖列岛，侵占我国辽东、山东权益，已成为国劲敌。它无论何人执政，对我侵略政策不易。我预见二十年内，中日之间必有一场恶战。”

毛泽东坦诚地表露心声，道是征友的目的就是结交有知识，有学问，意志坚定，随时准备为国捐躯的朋友。两个青年天南地北地议论，不觉已过半夜，学校宿舍已经关门。这一夜，他们就在君子亭露宿。

所有这些都发生在新民学会成立之前，种种回忆还恍如昨日。两个曾经志同道合的青年，不知何时起，走向了两个截然不同的方向，而且谁都不肯妥协一步，直到后来挥泪告别，分道扬镳。

在李石曾的提携与推荐下，萧子升在国民党做了高官，如农林矿产部次长、历史博物馆馆长等。又终身践行“以教育为工具的革命”，任北平农学院院长、华北大学校长等职。

“逼上梁山”　图变计

与萧子升不同的是，以毛泽东和蔡和森为首的新民学会另外一部分人走向了截然不同的社会主义革命道路。

1920 年 11 月 7 日，俄国十月革命三周年之际，毛泽东、彭璜、何叔衡等新民学会骨干又组织长沙工人、学生进行了一次游行。一方面庆祝俄国革命的胜利，一方面揭露谭延闿、赵恒惕“湘人治湘”的真面目。有些示威者想在会场升起红旗，警察禁止这么做。示威者高呼：“人民有集会、结社、言论自由的权利。”警察哪里听得进去。最后，双方发生冲突，这场游行示威也在军警的强力镇压下宣告失败。

湖南自治运动虽然失败，但后来毛泽东在回忆这件事情的时候，还是觉得这次的组织意义重大：“1920 年冬天，我第一次在政治上把工人们组织起来了，在这项工作中，我开始受到马克思主义理论和俄国革命历史的影响和指引。”

湖南自治运动的失败使得新民学会内部分化，也加剧了湘军的内讧，湖南的客观环境变得更加险恶。11 月 13 日，湘军内讧，程潜部下的军官于应祥在平江兵变，枪杀第 12 区司令萧昌炽，实行倒谭。谭延闿被迫下台，潜往上海。赵恒惕渔翁得利，被推为湘军总司令，林支宇为省长。不久，赵恒惕排斥林支宇，窃取省长职，湘人称之为“赵贼”。

“赵贼”赵恒惕确实名副其实，相比汤屠夫汤芗铭和张毒张敬尧有过之而无不及。他残害革命者和工人领袖，手段极其狠毒。杀害黄爱和庞人铨，从诱捕到杀害不到两小时。他上台仅一年，制造的震惊中外的惨案就有3起。

新民学会组织的湖南自治运动是赵恒惕残害进步人士再好不过的一个借口，毛泽东、彭璜这两个领导者自然首当其冲。果不其然，赵恒惕控制的省议会就着11月7日的游行示威事件，策划了一个大阴谋，以“扯旗事件的策划者”的罪名诬陷毛泽东和彭璜。同月底，省警察厅又诬陷毛泽东召集各人民团体开会，运动程潜军队，反对政府，把程潜部下酝酿兵变嫁祸给毛泽东等人。于是，省警察厅传讯毛泽东，并发出了通缉彭璜的布告。

对于赵恒惕的诬陷迫害，毛泽东并没有胆怯。他在湖南《大公报》上公开发表了一篇名为《毛泽东之辩诬函》的文章，使其阴谋彻底败露。文中坦言：

> 泽东今为负责起见，有可郑重申明者，二语如下：
>
> 一、泽东前为制宪问题，不满意于省议会，是“有”的。
>
> 二、扯旗及捣毁省议会是“没有”的。
>
> 前为制宪问题，泽东不满意于省议会，有所以不满意的理由，即对议会诸君亦可当面直说。扯旗及捣毁省议会，实无其事则不得云有。近来人心险诈，是非混淆，好为不负责任之流言，而无胆子敢与人以真面目相见。钧厅职司风纪，驱奸缉伪，责难旁推，应请在即，严将造诬诽谤者缉案惩办，以警刁风。
>
> 毛泽东为新湖南之自由民，除依法律，无论何人，不得于我之身体及名誉有丝毫侵犯。此辈既敢二次设诬，难保不再三次、四次，或变更方面，求遂所欲。务恳钧厅严申警律，除暴安民，不独泽东一人幸也。

即便如此，赵恒惕并没有打算就此收手，而是派出了走卒时刻盯着毛泽东、彭璜、何叔衡。1960年毛泽东接见日本文学家代表团的时候如是说：“后来是客观环境逼得我同周围的人组织共产主义小组，研究马列主义。”这里的“共产主义小组”就是指的长沙的共产党早期组织。“客观环境”则是指 1920 年 11 月 7 日的游行示威遭镇压。事实上，湖南自治运动失败后，毛泽东屡遭湖南省议会的诬陷和警察厅的追查。在种种黑暗压力下，毛泽东、彭璜、何叔衡被逼上了“梁山”。

本来，毛泽东也认为，俄式革命是山穷水尽诸路不通了的一个变计。自 1918 年以来，毛泽东、彭璜等新民学会的青年们亲自做过工读实验；经历了“驱张”运动，践行了“呼声革命”；组织了湖南自治运动，试过“改良之途”，结果都遭到了失败。最后，在自由主义、无政府主义、德谟克拉西主义、马克思主义等诸多主义中，毛泽东他们选择了马克思主义。从他的实践经验看来，其他的主义只是理论上说得好听，事实上在当时黑暗混乱的中国是做不到的。在这个过程中，又经过与李大钊、陈独秀等人的深谈，与蔡和森的长信来往，与马克思主义书籍的“亲密接触”，毛泽东、彭璜等人已然对马克思主义信仰坚定不移。从初步认识到以身试水到坚定不移，这是一个水到渠成的过程。

在新民学会中流传着这么几句话：蔡和森是理论家，毛泽东是实干家；毛泽东是幕后策划者，彭璜是前台指挥员。其实这话也有欠妥当，他们三位，都是知了就要行的人，都是理论家，又是实践者。毛泽东、彭璜接到蔡和森关于建党建议的信后，就付诸了行动。

在蔡和森的建党理论指导下，在陈独秀的直接委托下，在当时湖南赵恒惕等恶势力的逼迫下，长沙的共产党早期组织成立了。长沙的共产党早期组织直属陈独秀等人创建的共产党的一部分，是其中的一个细胞。

1939 年 5 月 12 日，在延安杨家岭的窑洞里，毛泽东与萧三的谈话非常清晰地讲述了他回湖南后所做的事情。他说：

> 1920 年 7 月，我从上海回到长沙后，恢复湖南学生联合会的公开活动，创办文化书社、俄罗斯研究会，发起湖南自治运动，成立共产党湖南分部（总部设在上海，1920 年 5 月成立，陈独秀负责），然后组织社会主义青年团，同时，从事新闻工作。

毛泽东这段回忆中，除注释中所说的“5 月”应为“6 月”外，其他均与实况相符。“共产党湖南分部”即长沙的共产党早期组织。

关于长沙的共产党早期组织成立时间，各种说法不一。综合比较权威的几种见解，可以定论为约在1920年10月开始酝酿，11月底初步形成，12月上旬正式成立。

组织成员的问题也难以确定。据李达、张国焘回忆，至中国共产党第一次代表大会前有近10人。在延安，毛泽东向萧三提过的成员有：毛泽东、何叔衡、彭璜、易礼容、陈子博、彭平之。现在可以确定的也是这6个人，再加一个非新民学会会员的贺民范。

论及新民学会跟长沙的共产党早期组织的关系，可以说长沙的共产党早期组织是在新民学会核心成员的基础上形成的。新民学会在长沙的共产党早期组织成立前，在湖南革命运动中起到了核心领导作用。

新民学会虽不是马克思主义团体，但在它存在的几年时间里，在中国革命动荡变化的年代里，孕育了一批马克思主义者。它是毛泽东、蔡和森、彭璜、何叔衡、向警予、李维汉、罗学瓒、张昆弟、萧三、陈章甫、夏曦、郭亮、谢觉哉、熊瑾玎、张国基等人革命生涯的起点。

汇入到革命的洪流中

新民学会不仅孕育了一批马克思主义者，在北京、上海、巴黎等地，它也为中国共产党的创立做出了应有的贡献。

在北京，共产党早期组织成立的时候，罗章龙的地位举足轻重。罗章龙在北京学习期间，常与李大钊联系。在李大钊的指导下，他与邓中夏、何孟雄、杨人杞等19人发起组织马克思主义研究会，翻译马克思主义书籍；组织平民教育讲演团，宣传马克思主义；深入长辛店，开办劳动补习学校；深入京汉、京沪、京奉等铁路，做工运工作；创办《工人周刊》，出任主编，介绍国内外工人消息，极力鼓吹组织工会。

1920年10月，李大钊、张国焘、张申府等人成立北京的共产党早期组织，罗章龙、刘仁静随即加入。后来，李大钊任书记，张国焘任组织委员，罗章龙任宣传委员。可以说，对于北京的共产党早期组织而言，罗章龙功不可没。

在上海，不得不提的两个新民学会会友就是李中和李启汉。1920年，毛泽东从北京沿津浦路南下，到达浦口时遭遇小偷，连鞋都被偷走了。正当他为路费发愁时，遇到了一个“救命菩萨”，又是送票又是送鞋，这个“救命菩萨”就是李中。李中又名李声澥，在上海期间，协助陈独秀开展工人运动。为了便于接触工人，他改名叫李中。他一方面打铁为生，一方面通过工友广泛联系工人。他曾向毛泽东介绍江南造船厂做工的情况，劝毛泽东也入厂从事工人运动。毛泽东一度很想向他学习，在写给罗学瓒的信中，他如此说道：

> 我现在很想作工，在上海，李君声澥以一师范学生在江南造船厂打铁，居然一二月后，打铁的工作样样如意，由没有工钱已渐得到每月工资十二元。他寓居法租界渔阳里 2 号，帮助陈仲甫（即陈独秀）先生等组织机器工会，你可以和他通信。

这时候的李中确实很受陈独秀赏识，邀他到霞飞路老渔阳里 2 号与自己同居。通过李中，陈独秀认识了李启汉、李汉俊等人。他们成了上海的共产党早期组织的中坚力量。

1920 年 8 月，上海社会主义青年团成立，李中是第一批团员。不久，他又加入了上海的共产党早期组织。党、团分配给他的任务是帮助陈独秀筹备组织上海机器工会。李启汉跟李中的任务很相近，也是协助陈独秀在上海组织工会工作。

1920 年 10 月 3 日，上海的共产党早期组织领导的第一个工会在霞飞路新渔阳里 6 号召开筹备会，李中任临时主席。陈独秀、李启汉、李汉俊等人以“参观者”的身份出席，列为“名誉会员”。

事实上，李启汉在上海几乎是把全部的心血都倾注在工人运动上。1920 年秋，他创办了上海第一个工人半日学校。接着，他又组织了上海工人游艺会。12 月 19 日，上海工人游艺会成立，陈独秀等 400 多人参加，李启汉任大会主席。大约 1921 年春，李启汉与李中加入了中国共产党的上海发起组。同年的 7 月 20 日，李启汉发动了上海英美烟厂工人的罢工斗争。这是中国共产党领导的第一个工人大罢工，李启汉是第一个领导工人大罢工的共产党人，后来也是第一个被捕入牢狱的共产党员。

在巴黎，蔡和森早有建立共产党的准备，只是由于侵占中法里昂大学时被遣送回国，建党工作也戛然而止。所以，后来毛泽东在回忆中如此评论法国的建党：

> 那里党的创始人之中有周恩来、李立三、向警予。向警予是蔡和森的妻子，唯一的一个女创始人。罗迈和蔡和森也是法国支部的创始人。

毛泽东回忆的角度是从法国酝酿建党过程来说的，可见新民学会对于法国的建党贡献巨大。其中的罗迈又是谁？其实是我们非常熟悉的一个人物。

1922年年初，李维汉收到周恩来、赵世炎的信，约他到巴黎一个旅馆会面，商讨组织中国少年共产党。6月，旅欧少年共产党在巴黎近郊森林里宣告成立，赵世炎任书记，周恩来负责宣传，李维汉负责组织。各人各取一个代号，赵世炎叫乐生，周恩来为伍豪，李维汉的名字就是毛泽东回忆中所说的那个罗迈。

1922年下半年，李维汉接到蔡和森的信，要他回国工作。李维汉受旅欧少年共产党的委托，带信给党中央，请求加入中国社会主义青年团。之后，李维汉于年底回到北京，由蔡和森、毛泽东介绍，加入了中国共产党。

在新民学会78个会员中，有30多人参加了中国共产党。至此，新民学会完成了历史使命。其中，无产阶级革命家有毛泽东、蔡和森、何叔衡、向警予、李维汉、蔡畅、谢觉哉、萧三、熊瑾玎。著名的烈士有李启汉、郭亮、夏曦、罗学瓒、张昆弟、陈章甫、方维夏、傅昌钰、彭平之、彭道良、谢南岭。著名的华侨教育家有张国基。英年早逝的有彭璜、陈子博、欧阳泽、熊光楚。长期在国民党统治区从事党的地下工作的有刘明俨。遭受王明路线迫害被开除党籍，直到新中国成立后才恢复党籍的有贺果。在长期革命斗争中因各种原因失去与党组织关系，后成为知名民主人士的有刘清扬、易礼容、罗章龙、熊季光、许文煊、李思安、李中、蒋竹如、萧光球、周毓明、戴毓本。

在当时那片被帝国主义和封建主义烧得焦灼的中国土地上，新民学会这群先进的青年敢于探索，敢于牺牲，敢于冲锋陷阵，最终汇入到革命的洪流中，为黑暗中的中国开辟了一片新天地。

青年团寻找“真同志”

俄国十月革命给中国送来的新希望使越来越多的青年迅速觉醒，并且扬起了马克思主义的鲜明旗帜。一方面，共产党的早期组织逐渐成立；另一方面，社会主义青年团也遍地开花。

1920年8月22日，上海社会主义青年团成立了。革命的火焰已然烧起，革命这张巨弓也如箭在弦上，一触即发。上海团建立后，陈独秀将社会主义青年团的章程寄往各处，毛泽东也收到了这个消息。

9月25日，他找到了张文亮，邀其共赴游江之约。到了文化书社，张文亮才知道陶斯咏、杨开慧也在。那日，他们租了一只木船，畅游湘江。毛泽东告知他们，上海陈独秀、俞秀松等人发起建立了社会主义青年团，他建议，在长沙也把进步青年组织起来。

“如果组织这样的团体，算我一个。”张文亮率直地说。他觉得在当时那种黑暗阴沉的社会里，没有一批勇往直前的青年出来撞警钟，挑重担，光明的世界是永远不会出现的。

10月，长沙开始建立社会主义青年团。彭平之、易礼容、杨开慧、郭亮、夏曦、张文亮都是第一批团员。刘少奇也在此时由贺民范介绍加入了社会主义青年团。不过当时毛泽东一直想等陈独秀来长沙再开成立大会，也曾两次邀请陈独秀，直到得知陈独秀已去广东的确凿消息，青年团才在1921年1月13日正式成立。

与共产党早期组织不同的是，青年团的组织是半公开的，据长沙地方《团员调查表》统计：在1921年1月13日成立时有成员16人，2月至7月入团的有22人，这38人不包括长沙的共产党早期组织成员。也就是说，长沙的共产党早期组织成员毛泽东、何叔衡、彭璜、贺民范、易礼容、陈子博、彭平之均未列入《团员调查表》名册。

组建青年团的活动基本按照陈独秀及上海的共产党早期组织的部署，结合湖南的环境特色而进行，旨在寻找“真同志”。

而真正把马克思主义与中国社会实际相结合，得靠无产阶级的中坚力量——工人阶级。正如毛泽东向工人解释“工人”二字时所形容的那样：

“工人”二字联起来是“天”字，意即“全世界无产者联合起来力量大于天”。此时的毛泽东已经深刻认识到了这一点。

然而，知识分子跟工人的结合过程是颇为不易的，毛泽东为了了解工人的情况，曾作工人打扮，到工人们聚集的地方去和他们接近，到茶馆去和工人们一块喝茶、谈心、交朋友。

一日，毛泽东到长沙城南门外和小吴门外一段铁路上散步，希望能遇到工人。后来终于遇到火车头修理厂的工人陈地广，毛泽东便和他拉话，又去他住的地方玩，谈他的工作。

这位工人觉得客人很亲切，很热情地介绍毛泽东认识了其他的工友。毛泽东提议为他们办个学校，教他们识字。有这样的好机会，工人们欢呼雀跃。

那时，毛泽东正好担任一师附小主事，这种便利的机会，他当然不会错过。回去以后，毛泽东马上联合何叔衡、谢觉哉、周世钊、匡互生、熊瑾玎、夏曦、郭亮、张文亮等人，真的捣鼓起了“工人夜校”。

毛泽东派郭亮去做工人夜校的教员。教他们认字写字的同时，告诉他们“劳工神圣”的意义，资本家剥削工人的方法。告诉他们要团结起来、组织起来反抗资本家剥削的道理。渐渐地，工人夜校团结了很多工人。

毛泽东常常课前课后找工人学员谈话，了解他们的劳动和生活，对他们进行思想教育。第一师范附近的贫苦工人，无一不认识他是办夜校的毛先生。毛泽东还时常作工人打扮，到工人聚集的地方，同他们亲近、喝茶、交谈。所有这些都为他后来组织工人一起斗争打下了坚实的基础。

湖南劳工会的主要领导人黄爱、庞人铨是毛泽东、何叔衡的朋友。他们接受毛泽东的建议，从事劳工教育，在短短时间内，创办了两所工人学校。他们所做的事情就是鼓励工人们崛起、团结，为改造万恶的半殖民地半封建社会的现状而斗争。也就是在深入工厂调查、开展工人教育的过程中，马克思主义者开始从政治上组织工人。可以说在中国共产党正式成立之前，毛泽东在湖南，以及其他一些新民学会的会员在全国，就已经开始将马克思主义与工人运动相联结了。

工农一家，在组织工人的同时，毛泽东他们也想将调查深入到贫苦农民中。当时，何叔衡任湖南通俗教育馆馆长，主导湖南《通俗日报》的编辑，特地开辟了“社会调查”专栏。

1920 年 11 月 25 日前后，毛泽东赴醴陵、萍乡等地做社会调查，历时一个星期。1921 年 4 月，毛泽东与易礼容、陈叔农到岳阳、华容、南县、安乡、常德、湘阴做社会调查。调查中，他们写的通讯都刊载在《通俗日报》的显要位置。

随着《通俗日报》影响越来越大，它公然刊载反映工农生活状况、宣传马克思主义、揭露当局黑暗的内容引起了反动军阀赵恒惕的不满。1921 年 5 月 1 日，《通俗日报》出版五一专刊，宣传“劳工神圣”，抨击军阀统治，这一行为将军阀赵恒惕完全激怒了。

最终，何叔衡以被撤职告终。到了 1921 年 6 月底，又传出何叔衡被通缉的消息。此时，中国共产党第一次代表大会即将召开，长沙的共产党早期组织决定派毛泽东、何叔衡前赴上海出席，《通俗日报》的事情也就告一段落。

滔滔湘水向东流

一个黑云蔽天的夜晚，仿佛风雨欲来。毛泽东手提一把雨伞，肩背一个布袋。何叔衡刮去了平日里蓄着的胡须，头戴遮阳帽，遮住了半边脸。两人一起，匆匆走向了长沙小西门码头，趁着暮色，登上了开往武汉的小火轮，再转上海。毛泽东、何叔衡的这次出行并未声张，他们是要去做一件惊天动地的大事。

1921 年 6 月，共产国际代表马林和共产国际远东书记处代表尼科尔斯基到达上海。他们找到共产党上海发起组成员李达和李汉俊商议，认为应尽快召开全国代表大会，正式建立中国共产党。

不久，长沙、北京、武汉、济南、广州和旅日共产党早期组织负责人接到了一份通知：在上海召开中国共产党第一次代表大会。6 月 29 日，毛泽东、何叔衡作为长沙共产党早期组织的代表如约前往上海。

由于各地代表没有到齐，中国共产党第一次代表大会推到 7 月 23 日才正式开幕。这天，法租界望志路 106 号李书城、李汉俊两兄弟的住宅内，简陋的陈设一点也不减庄重的气氛。上海的李达、李汉俊，武汉的董必武、陈潭秋，长沙的毛泽东、何叔衡，济南的王尽美、邓恩铭，北京的张国焘、刘仁静，广州的陈公博、包惠僧，旅日的周佛海，这13个人作为中国共产党第一次代表大会代表光荣载入史册。

陈独秀、李大钊这两个最初的创始人因为有事缺席了中国共产党一大，但代表们一致公认他们的领导地位，在这次大会上，陈独秀被选举为中央局书记。诚如毛泽东所说的：“在这个大会的组织上，起领导作用的是陈独秀和李大钊，他们两人都是中国最有才华的知识界领袖。”

马林和尼科尔斯基分别代表共产国际和共产国际远东书记处说了祝贺的话语。尼科尔斯基还建议将会议的进行及时报告共产国际远东书记处。7月24日，各地代表报告本地区党团组织的状况和工作进程，交流了经验体会。

“我们是在湖南自治运动失败后被逼上梁山的。”毛泽东用一口浓重的韶山话讲述长沙的共产党早期组织成立背景，“逼上梁山”的说法虽有些沉重，却也一语中的。

“去年11月底，湖南省议会诬陷润之策动兵变，他还受到了长沙警察厅的传讯。”何叔衡加以补充。

毛泽东笑了笑，望向何叔衡这个同病相怜的战友，道：“何胡子现在还是赵恒惕的通缉对象呢！”

几句幽默又无奈的话道尽了他们与反动军阀抗争的艰辛，也道出了当时群魔当道、正义难伸的社会现状。

毛泽东解释说：“何胡子原是谭延闿任命的湖南通俗教育馆馆长，办的《通俗日报》经常刊载反映工农生活、抨击时政现状的社会调查文字。赵恒惕上台后，看到那些拆军阀后台的尖锐文章，恼羞成怒，说：‘哪有政府办的报纸骂政府的！’何叔衡就这样，落得被撤职并被通缉的下场。”

想起以赵恒惕为代表的那些封建军阀的反动作为，毛泽东思绪万千，谈起了今后的打算：“我们尽量利用赵恒惕虚伪的《湖南省宪法》内有关言论、出版自由的条文从事工人运动，健全党的阶级基础，拟利用船山学社的经费和社址，办一所湖南自修大学，培养党的干部，提高党员质量。”

其实，在当时，长沙共产党早期组织早就分工得很清晰：毛泽东管全面；彭璜分管俄罗斯研究会；何叔衡抓《通俗日报》、中韩互助社，并联系湖南劳工会；易礼容分管文化书社；陈子博分管工人工作；彭平之负责青年学生的工作；贺民范筹备湖南自修大学（他是湖南自修大学首任校长)。

李达在后来的《七一回忆》中赞颂：

> 长沙小组宣传与工人运动都有了初步的成绩，看当时各地的情形，长沙的组织是比较统一而整齐的。

这段文字非常鲜明地肯定了当时长沙的共产党早期组织做得非常出色。长沙的共产党早期组织为中共湖南省支部、中共湘区委的工作打下了扎实的基础。

25日、26日休会，用于起草党的纲领和今后工作计划。27日、28日和29日三天，分别举行三次会议，集中议论此前起草的纲领和决议。

7月30日，一大第六次会议开始不久，一个陌生男子突然闯入会场。询问时，陌生男子连忙称是自己走错了地方。具有丰富秘密工作经验的马林立刻警觉起来："这人一定是'包打听'，我建议立即停会，大家分头离开。"

果然，马林的警觉是没错的，十几分钟后，两辆警车包围了一大会址，法籍警官亲自带人冲入室内搜查，一无所获，只得悻悻离去。

原来马林由莫斯科途经欧洲来华，曾在维也纳被警察局拘捕，虽经营救获释，但其行动一直作为"赤色分子"被严密监视。闯入会场的陌生男子真是法国暗探，好在代表们及时转移了。这次冲击虽然没有带来重大损失，但毕竟一大不能再在原址进行了。当晚，代表们来到李达寓所商讨，大家一致认为会议不能在上海举行了，有人提议到杭州开会，又有的提出杭州过于繁华，容易暴露目标。一时间难于抉择。

"不如到我的家乡嘉兴南湖开会，离上海很近，又易于隐蔽。"在场的李达夫人王会悟说道。大家正为会址的问题难以抉择，这个建议一出，大家一致赞成，觉得这个安排很妥当。

7月31日清晨，代表们分两批乘火车前往嘉兴。两位国际代表目标太大，李汉俊、陈公博也因经历一场虚惊，都未去嘉兴。10时左右，代表们先后到达嘉兴车站，在鸳湖旅馆稍事休息后，登上事先租好的南湖画舫。

天下起了蒙蒙细雨，游人渐渐离去，秀丽的南湖风情显得格外清幽。11

时许，一大会议在缓缓划行的画舫上继续进行。会议通过了《中国共产党党纲》《关于当前实际工作的决议》，选举了党的领导机构。至此，党的第一次全国代表大会胜利闭幕。

党的一大宣告了中国共产党的正式成立。从此，在古老的中国出现了一个完全新式的无产阶级政党，这是中国历史上开天辟地的大事件。

尾　声　鲲鹏激浪正当时

新民学会成立至今，已过百年。在这百年中，风华正茂的爱国青年们在黑暗中探索出了国家的出路，用青春之热血开辟了伟大的鸿途！历史已往，未来可期。鲲鹏激浪正当时，让我们以新时代新青年的身份，立鸿鹄之志，报效祖国！让我们以新时代新青年的身份，举发展大旗，引领未来！

其作始也简，其将毕也钜。新民学会的四年，是波澜壮阔的四年。新民学会的历史有着朝气蓬勃的青春故事，亦是振聋发聩的时代之音。

1918 年，以毛泽东、蔡和森为代表的爱国青年以“革新学术，砥砺品行，改良人心风俗”为宗旨成立新民学会。他们发愤读书的同时呼吁“野蛮其体魄”；他们潜在切实的同时忧心家国天下；他们希望成就更好的自己，做对社会有用之人。当时的国家正处于存亡危机之中，青年们渐渐认识到，他们所经历或所看到的贫穷、腐败、愚昧、麻木等问题，不是一个人独有的遭遇，也不是一个地区独有的状况，而是整个社会的问题。一个人的力量是有限的，得唤醒整个社会的力量；一个人的强大是不够的，得让一个国家强大。他们中的很多人树立了救亡图存的大志向。如何救？青年们开始了探索国家出路的漫漫长途。

一方面，以蔡和森为代表的青年们远渡重洋奔赴法国，开始了勤工俭学，学习世界文明。他们博采众长的同时又不数典忘祖。正是在这段时间，蔡和森等人近距离接触和了解了马克思主义，他们迫不及待地将自己所了解到的马克思主义理论传播到国内，以期为救国救民出一份力。另一方面，以毛泽东为代表的爱国青年们在国内正经历声势浩大的五四运动。当时的中国社会军阀横行，民不聊生，青年们高举爱国的旗帜，与反动势力英勇斗争。他们不畏强权，不怕牺牲，在斗争中探索新方向。最终，新民学会的宗旨修改为“改造中国与世界”，毛泽东、蔡和森等人在思想上不谋而合，在行动上达成一致，他们走向了马克思主义，走向了赤色革命的新道路。

新民学会成立于湖湘大地，成员多为湖南人，湖湘文化孕育下的青年在100年前很好地阐述了热血和刚毅的内涵。新民学会带着向上的美好希冀成立，将一批先进的中国青年锻炼成了英勇的战士，从此，投入到为天下而斗争的赤色革命之中。新民学会的精神有很多，主要体现在立志救国，勇于探索；潜在务实，奋斗不止；立足本国，向外发展；敢为人先，不怕牺牲；乐于奉献，敢于担当等。在五四运动和留法勤工俭学运动中，青年们将这些精神体现得淋漓尽致。以毛泽东、蔡和森为首的一批爱国青年在国家危亡之际立志救国，发出了掷地有声的呐喊。虽然遭受了重重艰难险阻，但是他们矢志不渝追求真理，怀着忧国忧民的远大抱负，勇于实践，勇于献身，勇于奋斗，最终探索出了一条适合中国发展的新道路。

时间来到2019年，距离中国共产党成立已经98年，距离五四运动100年，距离留法勤工俭学运动100年，距离新民学会成立101年。相对于100年前任人宰割、黑暗混乱的大环境，如今的中国已巍峨地屹立于世界民族之林。100年后再来书写新民学会这段历史，一为向伟大的先驱致敬，二为与和我一样的年轻人共勉。

青年强则国强，当一代又一代的中国人铸就的这一面屹立于世界的家国大旗传递到我们这一代青年手上时，我们的责任重如泰山。在读史的过程中，我无数次反思当下。两个时代的年轻人，两个时代的承载与使命，虽然内容不一样，但其所需的精神却大抵相同。吃水不忘挖井人，革命年代虽然不再，但中国的故事还在继续，革命精神仍旧像一座座不朽的丰碑，值得我们传承与发扬。作为和当年的新民学会会员们一样的年轻人，我们当如何思考这段历史？我们又从历史中得到了怎样的启示？

五四运动已过百年，留法勤工俭学运动已过百年，我们坚信其精神永不褪色。

立志对每个时代的青年都是重要的，有了志向就有了方向，坚定了方向就萌生了信念。100年前的青年们立志救国，他们勇于在黑暗中探索中国革命的道路，他们朝着自己的信仰努力求索。诚然，今天的青年已经很难对战场硝烟、军阀混战、民族危亡、民不聊生有实感，但忧国忧民的热忱一定流淌在当代青年的血液里，强烈的家国使命感和民族自豪感一定铭刻在当代青年的灵魂深处。不同的时代当立不同的志向。每个人身上都有闪光的优点，都可以立下适合自己的志向，小到修身齐家，大到心忧天下，在人生道路上，我们总能找到一盏照亮前路的灯塔。泰戈尔说：信念是鸟，它在黎明仍然黑暗之际，感觉到了光明，唱出了歌。我们也一定能插上信念的翅膀，飞向唱着歌的光明。

立了志向就当矢志追求，哪怕途中布满荆棘，哪怕面临巨大的挑战，都要勇于探索，勇于实现，敢于坚持，敢于奋斗。这样的故事在100年前的青年身上不胜枚举，不管是在五四运动还是留法勤工俭学运动中，青年们都曾焦灼于贫穷的枷锁，经历过斗争的残酷，遭遇过反动势力的迫害，为了报国之志，蔡和森、向警予等人甚至付出了自己年轻的生命。可他们最终坚持了自己的信仰，矢志不渝。作为当代青年，我们在追逐梦想的过程中定然也会遇到困境和迷茫，我们断不可被现实扼住了喉咙。矢志坚持的过程或许艰辛，可没有这个过程就很难破茧成蝶，到达理想的彼岸。“千淘万漉虽辛苦，吹尽狂沙始到金。”愿每个人都能成就理想中的自己。

在矢志追求的过程中，新民学会的青年们常常修身自省。比如在学会的态度上，他们主张潜在务实，不务虚荣，不出风头。在新会员的吸纳条件上立下了几点要求，即纯洁、诚恳、有向上奋斗的精神、服从真理。他们多次组织学术谈话会，是为了让会员们养成好学的习惯和风气。他们中绝大多数人热爱阅读，热爱行走，热爱运动。以上等等，既是对会员的要求，更是对自己的要求。时至今日，我们仍可以从这段历史中汲取完善自我的营养。踏实做人，认真做事，读书行路，锻炼身体……这是每个时代的青年都可以做的事情。将体育精神融入生活，收获一个健康的体魄；将奋斗精神融入生活，赢得一个明媚的人生；将学习精神融入生活，成就一个丰富的自己。

“以铜为镜，可以正衣冠。以史为镜，可以知兴替。以人为镜，可以明得失。”我们可以从这段历史中学习和借鉴的精神还有很多。我们大可以史为镜，认清自我，勉励自我！我们也当立足当下，丰富自我，坚定前行！

当代青年当如何？新时代，新青年，当有新的姿态！

2017 年 10 月 18 日，中国共产党第十九次全国代表大会隆重召开。在党的十九大报告中，习总书记对当代青年提出了最殷切的希冀：

青年兴则国家兴，青年强则国家强。青年一代有理想、有本

> 领、有担当，国家就有前途，民族就有希望。中国梦是历史的、现实的，也是未来的；是我们这一代的，更是青年一代的。中华民族伟大复兴的中国梦终将在一代代青年的接力奋斗中变为现实。全党要关心和爱护青年，为他们实现人生出彩搭建舞台。广大青年要坚定理想信念，志存高远，脚踏实地，勇做时代的弄潮儿，在实现中国梦的生动实践中放飞青春梦想，在为人民利益的不懈奋斗中书写人生华章！

2018 年 5 月 2 日，在五四青年节前夕，习近平总书记考察了北京大学并发表重要讲话。在讲话中，他向广大青年提出了四点希望：一是要爱国，忠于祖国，忠于人民。二是要励志，立鸿鹄志，做奋斗者。三是要求真，求真学问，练真本领。四是要力行，知行合一，做实干家。从习总书记的讲话中，我们看到了他对当代青年所寄予的殷切希望。我们也知道了自己要做怎样的当代青年。

历史已往，未来可期，鲲鹏击浪正当时！让我们一起传承革命精神，结合时代特色，不忘初心，与时俱进。让我们一起在最美好的年华和时代里，丰富内心，砥砺前行。让我们立鸿鹄志，为小家，为大国，敢探索敢实践。让我们矢志不渝，为理想，为抱负，不怕苦不畏难。让我们立足本国，放眼世界，博采众长，为国家富强尽一份力量。让我们以青春之热焰，为大众福祉努力奋斗。让我们以青春之身躯，为伟大祖国的辉煌献出自己的一份热忱。让我们脚贴着地，行走在苍茫大地上，行走在宏大的时代背景中，用一双明眸装下大海和天空；用一串脚印收藏泥泞或繁花，用一片丹心装下家国与希冀……

从新民学会旧址出来，我漫步在湘江边上，望着浩瀚湘水，仿佛水流里承载着古往今来的故事，奔流不息！那水，朝气蓬勃，豪情万丈，浩浩荡荡，奔向明媚的未来，奔向太阳升起的地方！

参考文献

1. 中国革命博物馆，湖南省博物馆编. 新民学会资料 [M]. 北京：人民出版社，1980.

2. 中共湖南省委党史研究室，新民学会成立会旧址管理处主编. 风华正茂的岁月——新民学会纪实 [M]. 长沙：湖南人民出版社，2008.

3. 李春雷，史克己. 赤光——留法勤工俭学运动纪实 [M]. 石家庄：河北大学出版社，2010.

4. 中共湖南省委宣传部，中共湖南省委党史研究室编. 中国人民永远记着他 [M]. 长沙：湖南人民出版社，2005.

5. 中共中央文献室，中共湖南省委. 毛泽东早期文稿 [M]. 长沙：湖南出版社，1995.

6. 斯诺. 西行漫记 [M]. 北京：三联书店出版社，1979.

7. 中共中央文献室编. 毛泽东传 [M]. 北京：中央文献出版社，1996.

8. 中共双峰县委员会. 蔡和森传 [M]. 长沙：湖南人民出版社，1980.

9. 戴绪恭. 向警予传 [M]. 北京：人民出版社，1981.

10. 苏平. 蔡畅传 [M]. 北京：中国妇女出版社，1990.

11. 王珊珊. 李大钊传 [M]. 北京：北京时代华文书局，2016.

12. 王政明. 萧三传 [M]. 北京：北京图书馆出版社，1996.

13. 王兴国. 杨昌济的生平及思想 [M]. 长沙：湖南人民出版

社，1981.

14. 铁流，徐锦庚. 国家记忆：一本《共产党宣言》的中国传奇［M］. 济南：山东文艺出版社，2014.

15. 中共中央党校党史教研室. 中共党史参考资料［M］. 北京：人民出版社，1979.

16. 郑名桢. 留法勤工俭学［M］. 太原：山西高校联合出版社，1994.

17. 陈富华. 湖南党史论丛［M］. 长沙：湖南人民出版社，1989.

18. 赵瑞泰，梁红. 葛健豪和她的儿女们［M］. 武汉：武汉出版社，2014.

19. 〔日〕森时彦. 留法勤工俭学运动小史［M］. 郑州：河南人民出版社，1985.

20. 中共双峰县委宣传部. 怀念蔡和森同志［M］. 长沙：湖南人民出版社，1980.

后　记

回顾历史是为了让我们饮水思源。回顾新民学会的历史，回到源头去看看那些闪烁着金子般光芒的精神，与当下的时代特征相结合，可以让我们更清楚地认识自我、反思自我、重塑自我，为时代发展所用。

在写作本书的过程中，我得到了很多人的帮助和鼓励。首先要感谢的是纪红建老师，他给予了我很多的指导和帮助。在写作过程中，我也有过压力，有过迷茫。娄成主任的一番话，令我印象深刻。娄主任跟我说的大致意思是，在自己还击不起惊涛骇浪的时候，能捧出一朵小浪花，那也是很好的。这种思想一直帮助着我疏解心中的压力，在此非常感谢。湖南省报告文学学会是我坚强的后盾，也是我报告文学写作道路上温暖的港湾。还有很多老师对我写作此书都有过支持和鼓励，在此一并感谢。

我还要感谢的是长沙市委党史研究室和新民学会旧址管理处的大力支持。在写作本书的过程中，跟长沙市委党史研究室、新民学会旧址管理处的领导都有见面和交谈。他们给了我很大的支持，让我有信心去写这本书。也是通过他们，我才得以采访到新民学会旧址管理处原主任赵丛玉赵主任和原中共湖南省委党史资料征集研究委员会三处研究员、处长，湖南毛泽东思想研究会秘书长唐振南唐老。在此，对所有长沙市委党史研究室和新民学会旧址管理处的专家和领导表示感谢。

此外，还要非常感谢我的家人和朋友，无论何时，他们都是我最坚实的后盾，最温暖的港湾。

最后，我想以我最喜欢的屈老夫子的一句名言作为结束语，那就是：路漫漫其修远兮，吾将上下而求索。

图书在版编目（CIP）数据

先声 / 杨丰美著. -- 湘潭 : 湘潭大学出版社，2019.4
ISBN 978-7-5687-0308-6

Ⅰ. ①先… Ⅱ. ①杨… Ⅲ. ①新民学会（1918）－历史 Ⅳ. ①K261

中国版本图书馆 CIP 数据核字（2019）第 070397 号

先声

XIANSHENG

杨丰美 著

策划编辑：蒋海文
责任编辑：李志红
封面设计：李　平
出版发行：湘潭大学出版社
社　　址：湖南省湘潭大学工程训练中心
电　　话：0731-58298960 0731-58298966（传真）
邮　　编：411105
网　　址：http://press.xtu.edu.cn/
印　　刷：长沙超峰印刷有限公司
经　　销：湖南省新华书店
开　　本：787 mm×1092 mm 1/16
印　　张：12.5
字　　数：211 千字
版　　次：2019 年 4 月第 1 版
印　　次：2021 年 9 月第 2 次印刷
书　　号：ISBN 978-7-5687-0308-6
定　　价：42.00 元